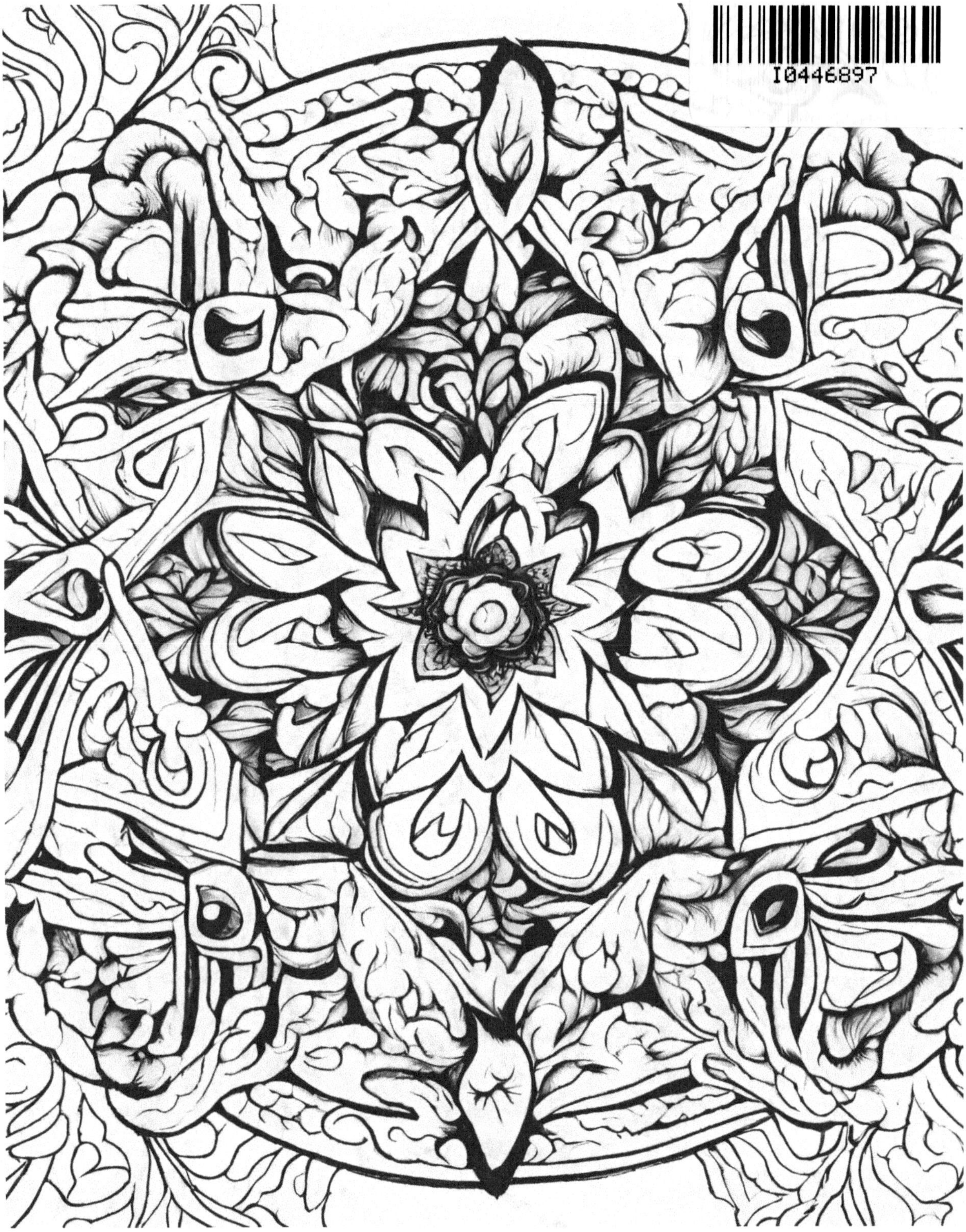

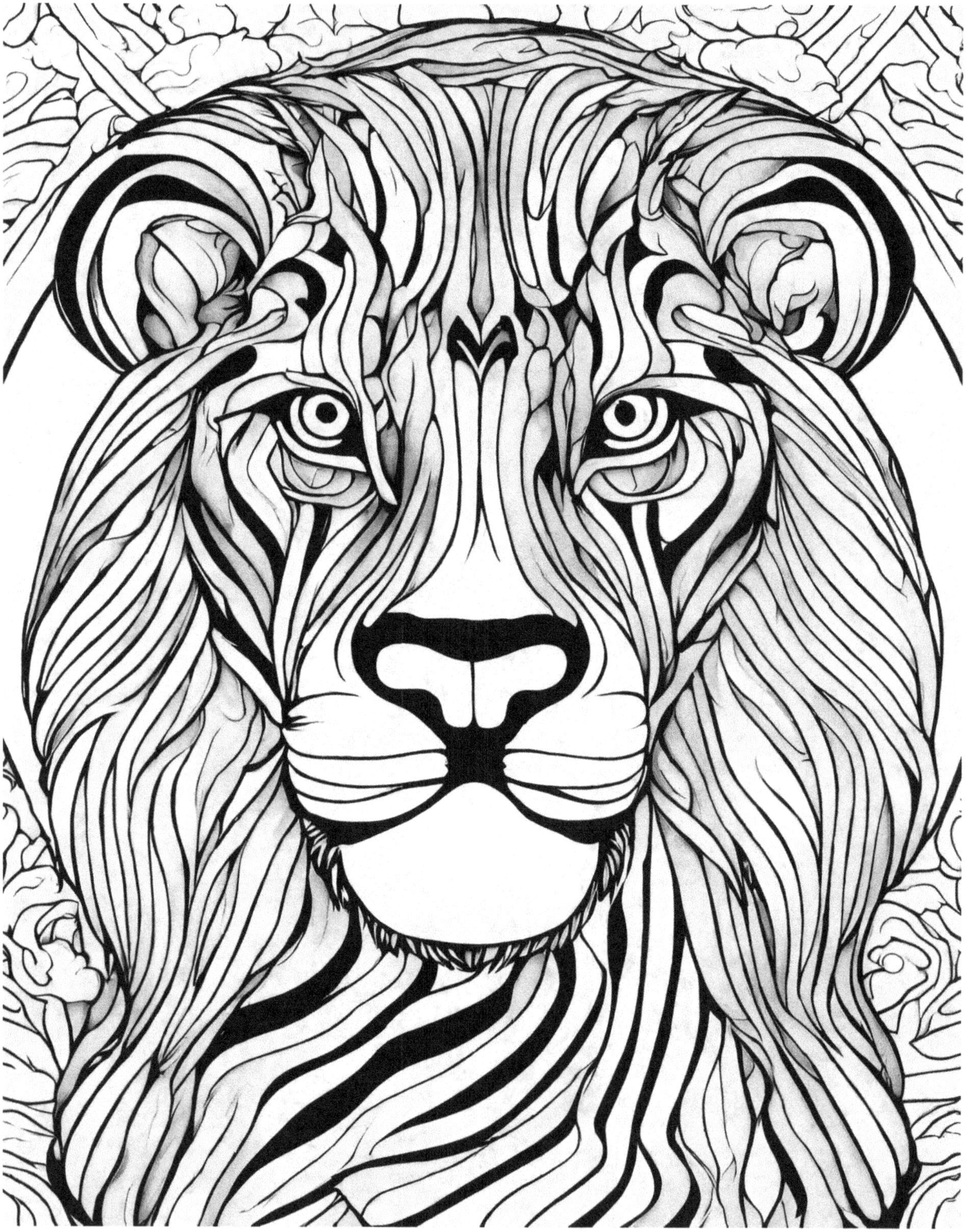

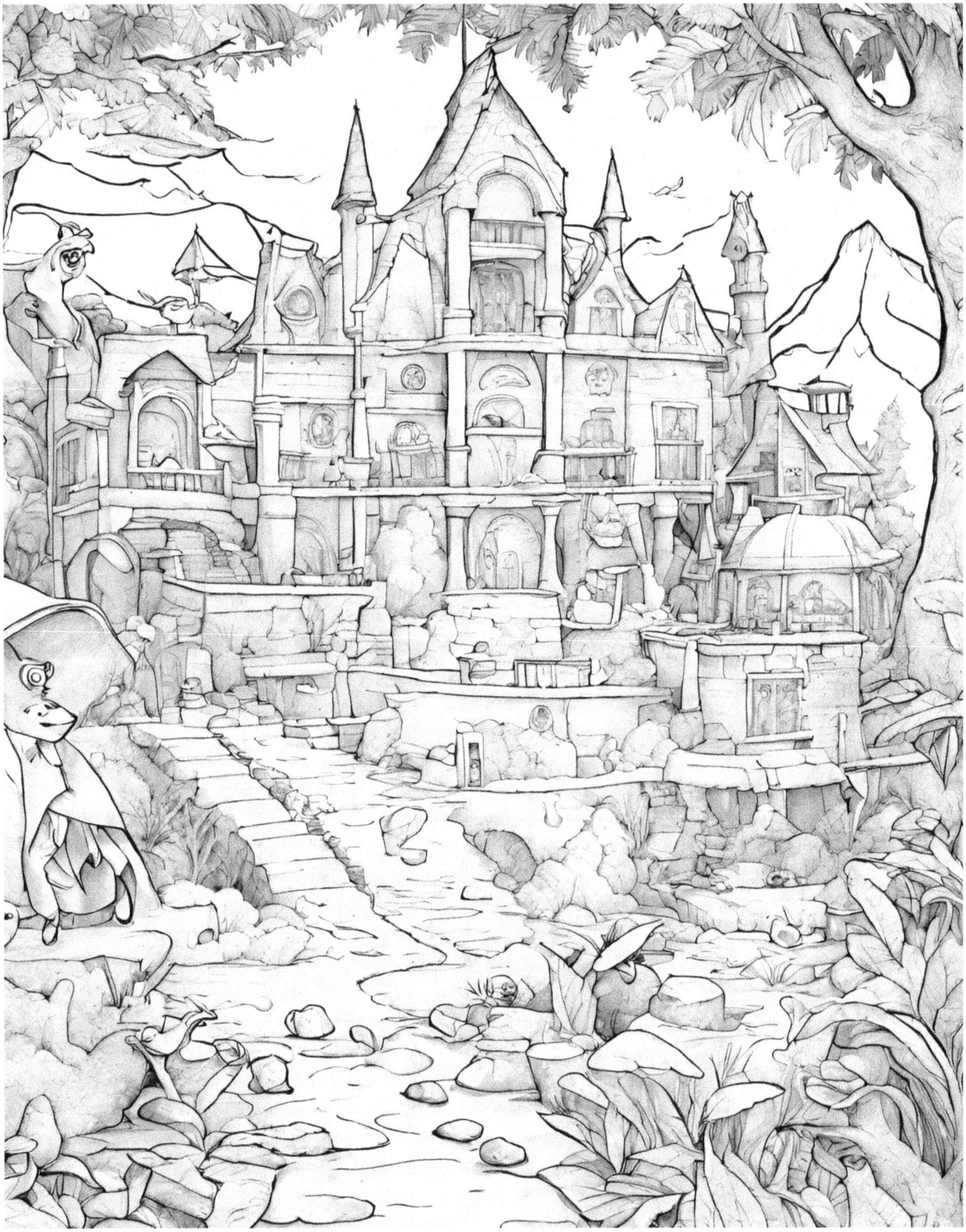

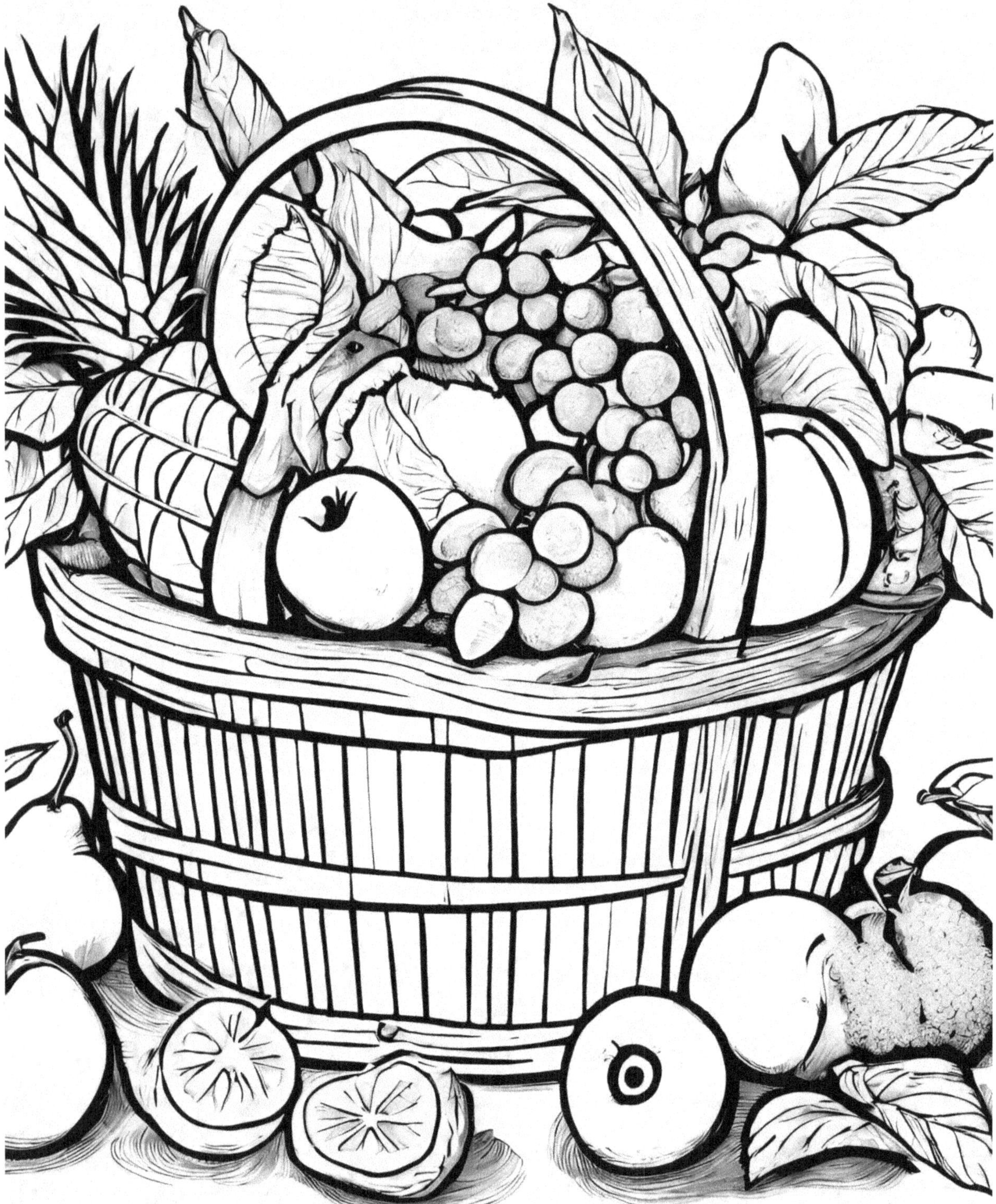

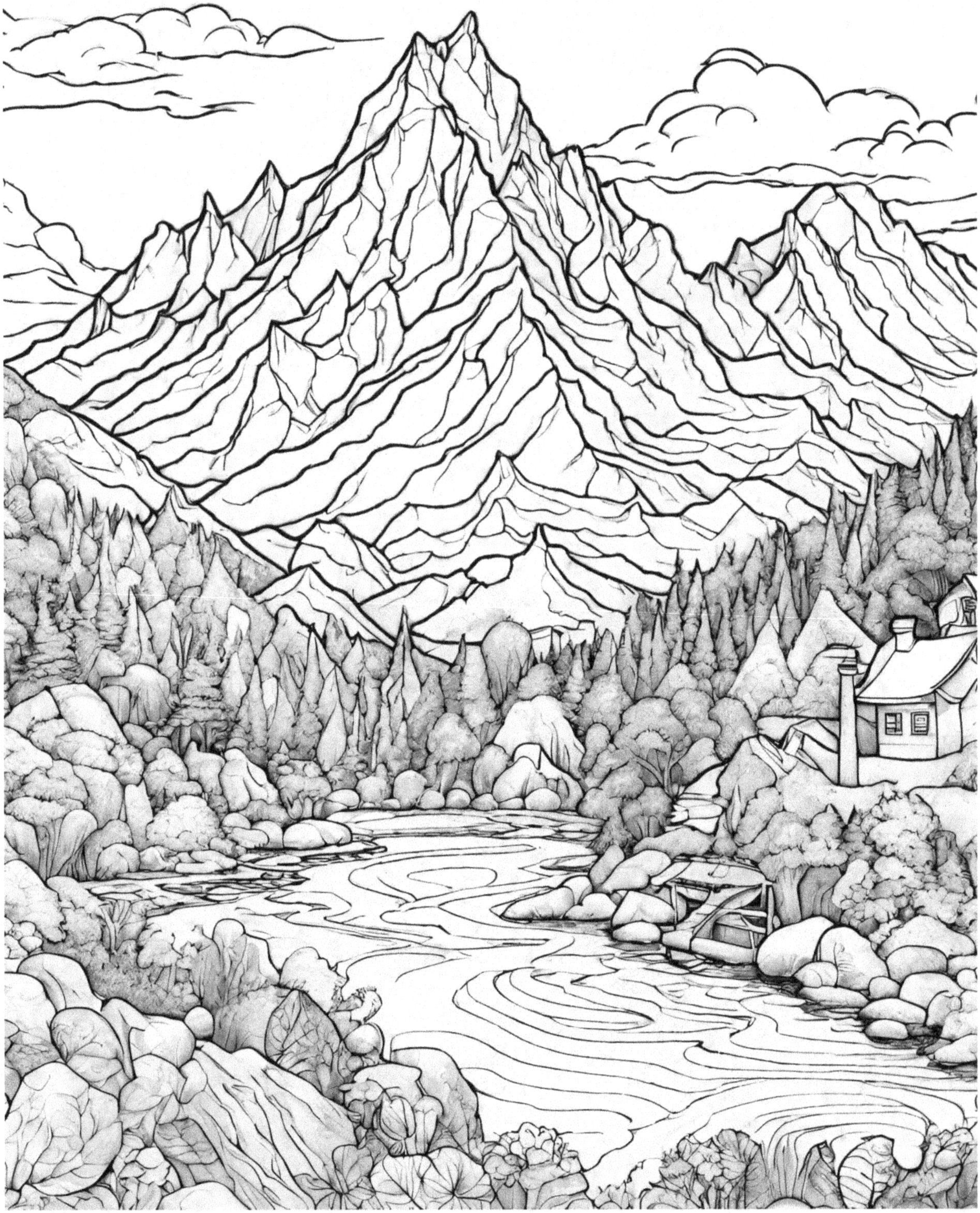

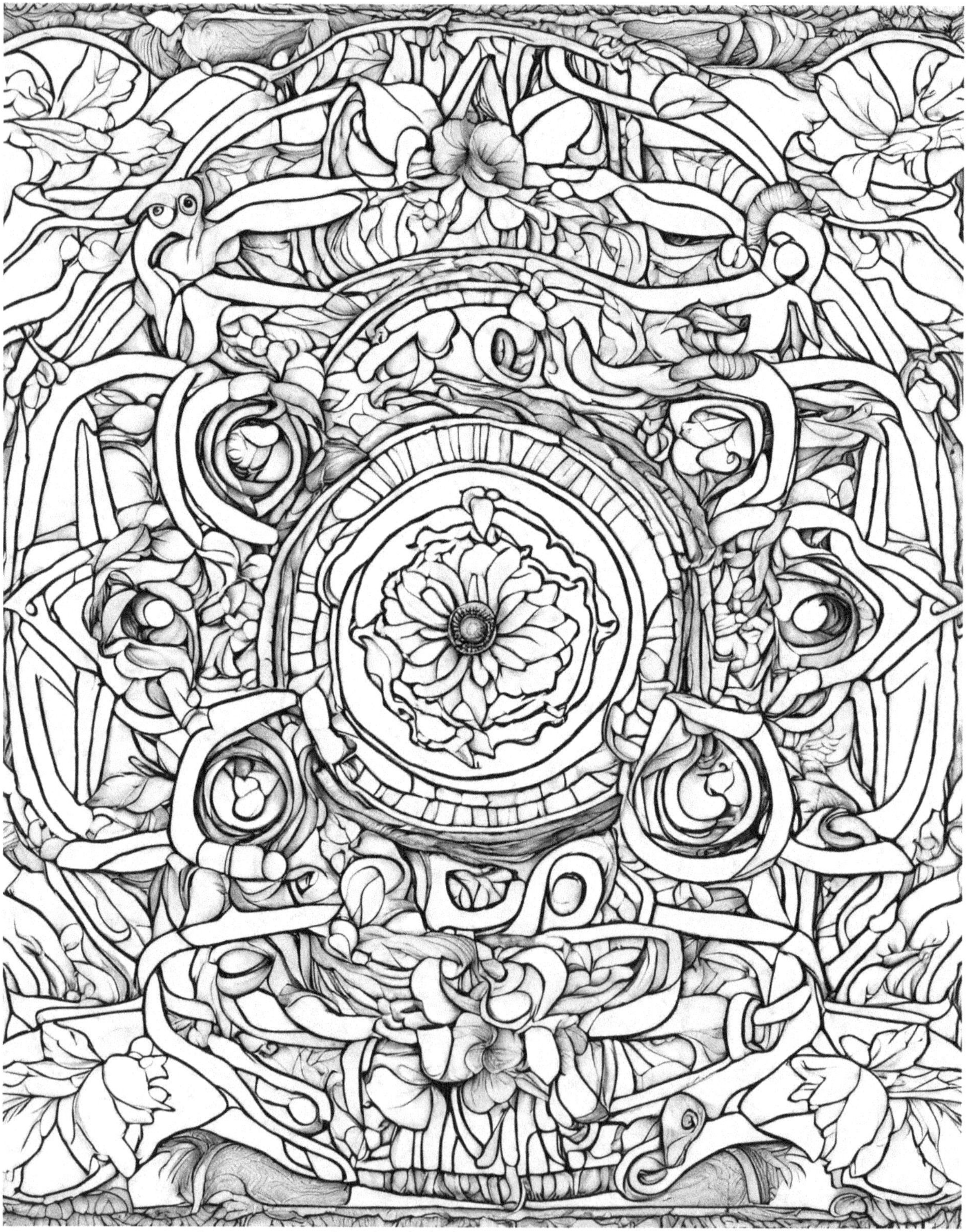

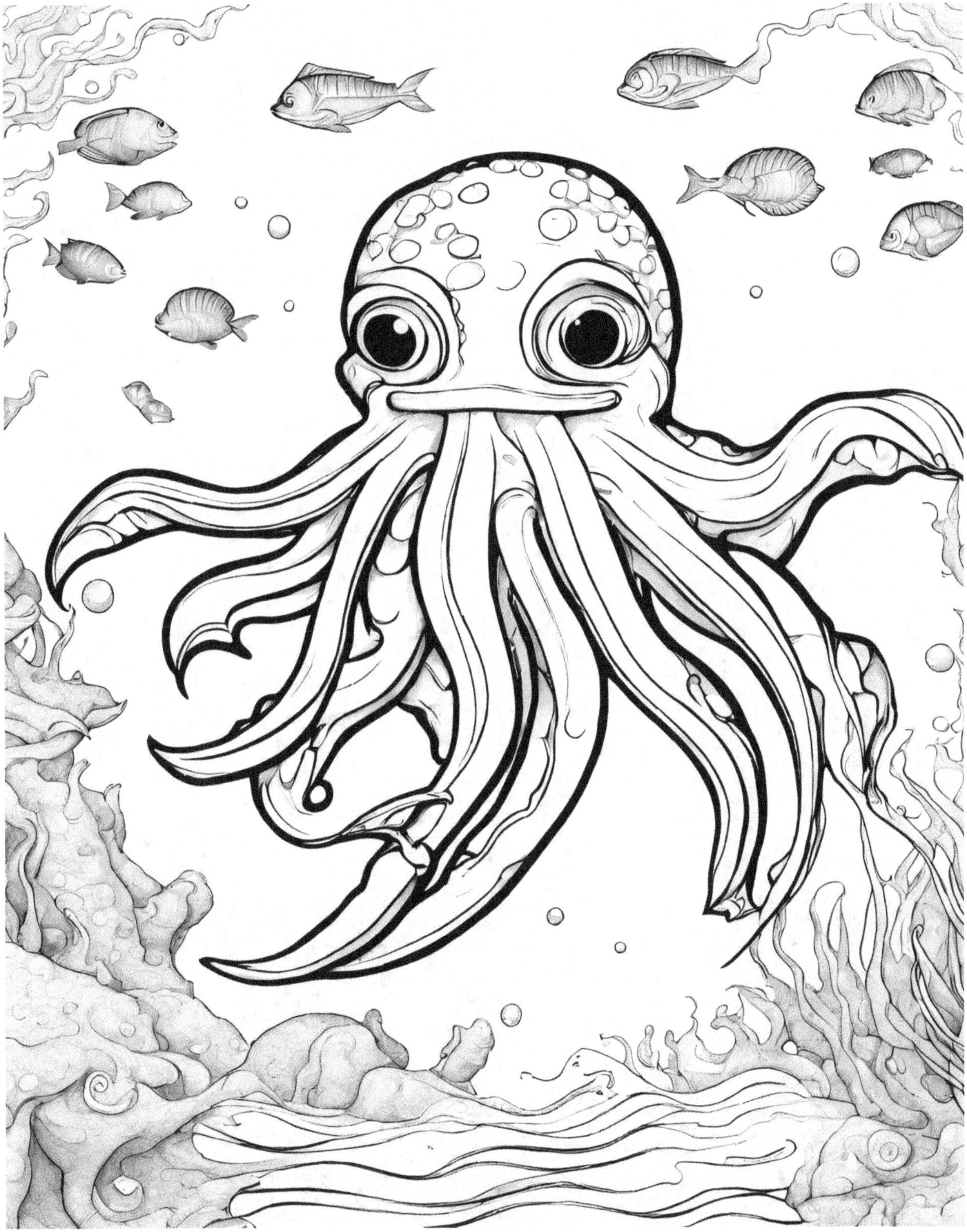

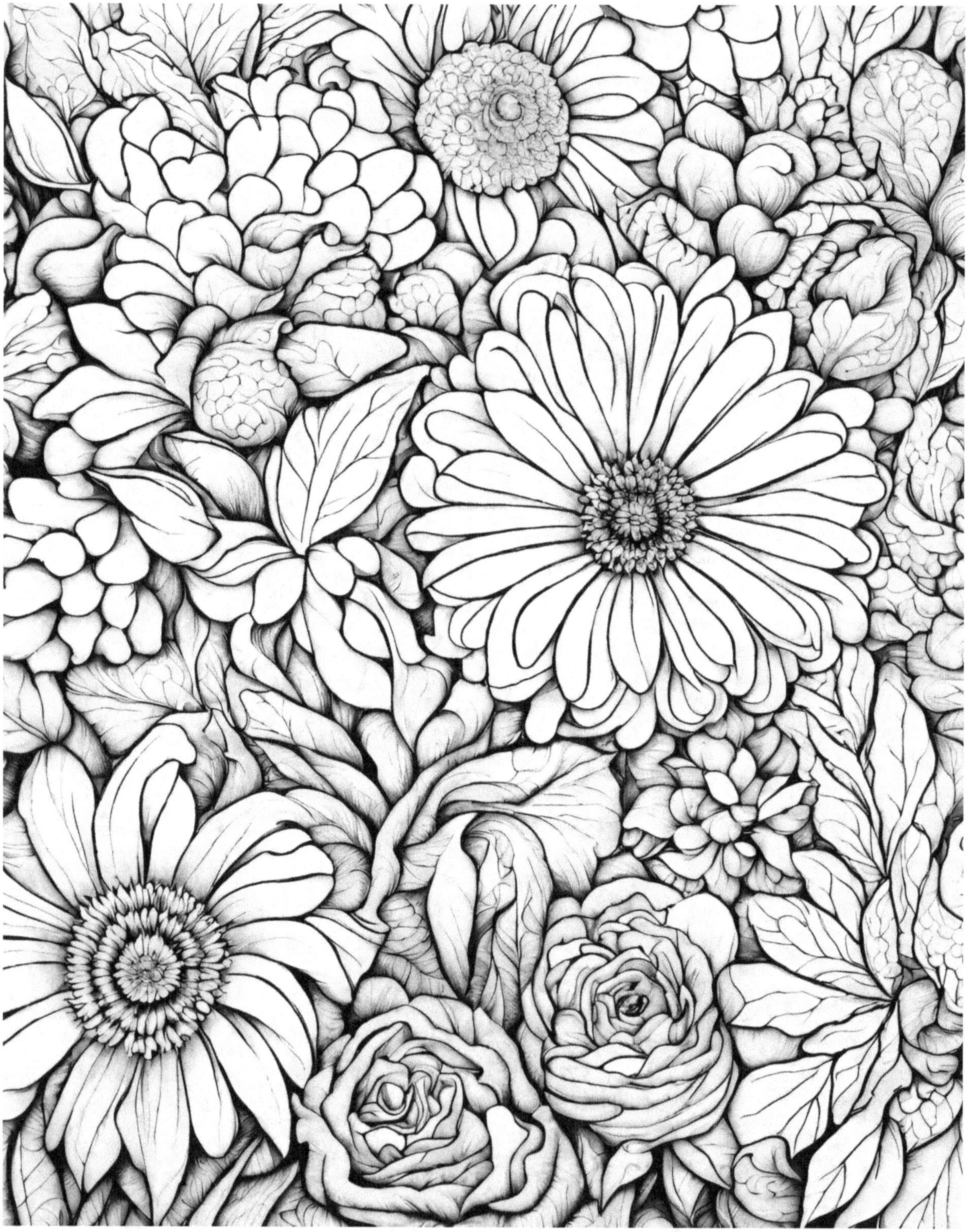

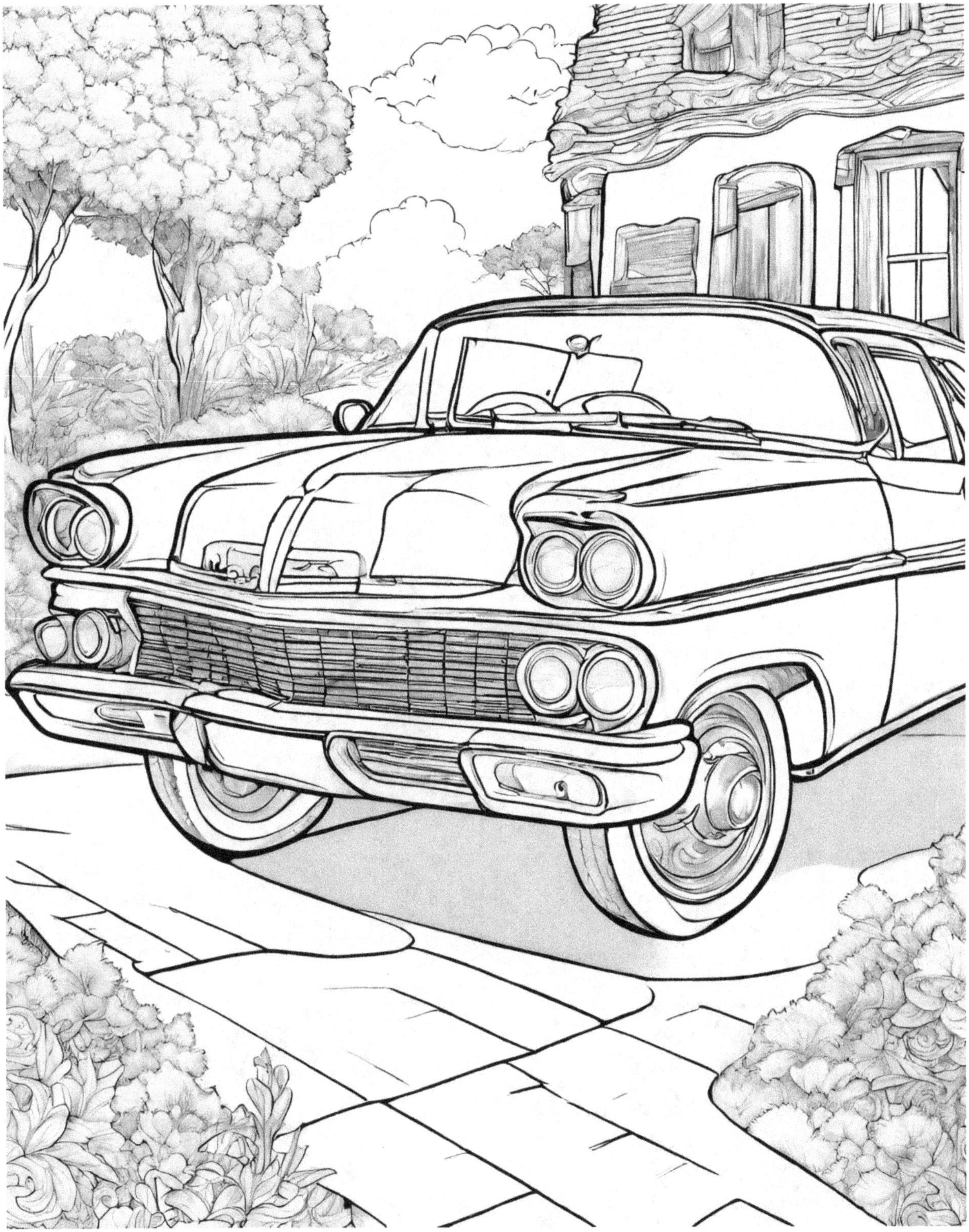

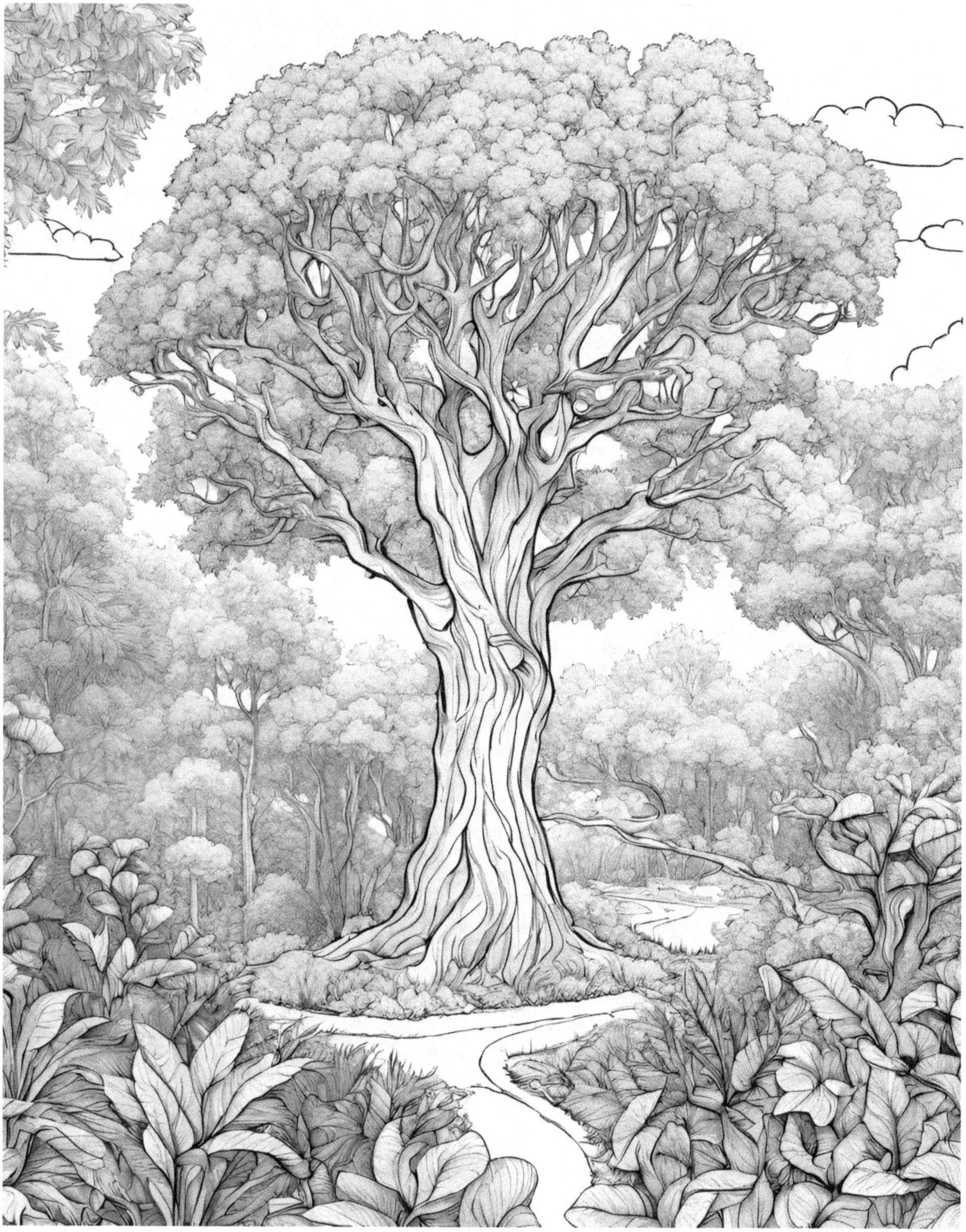

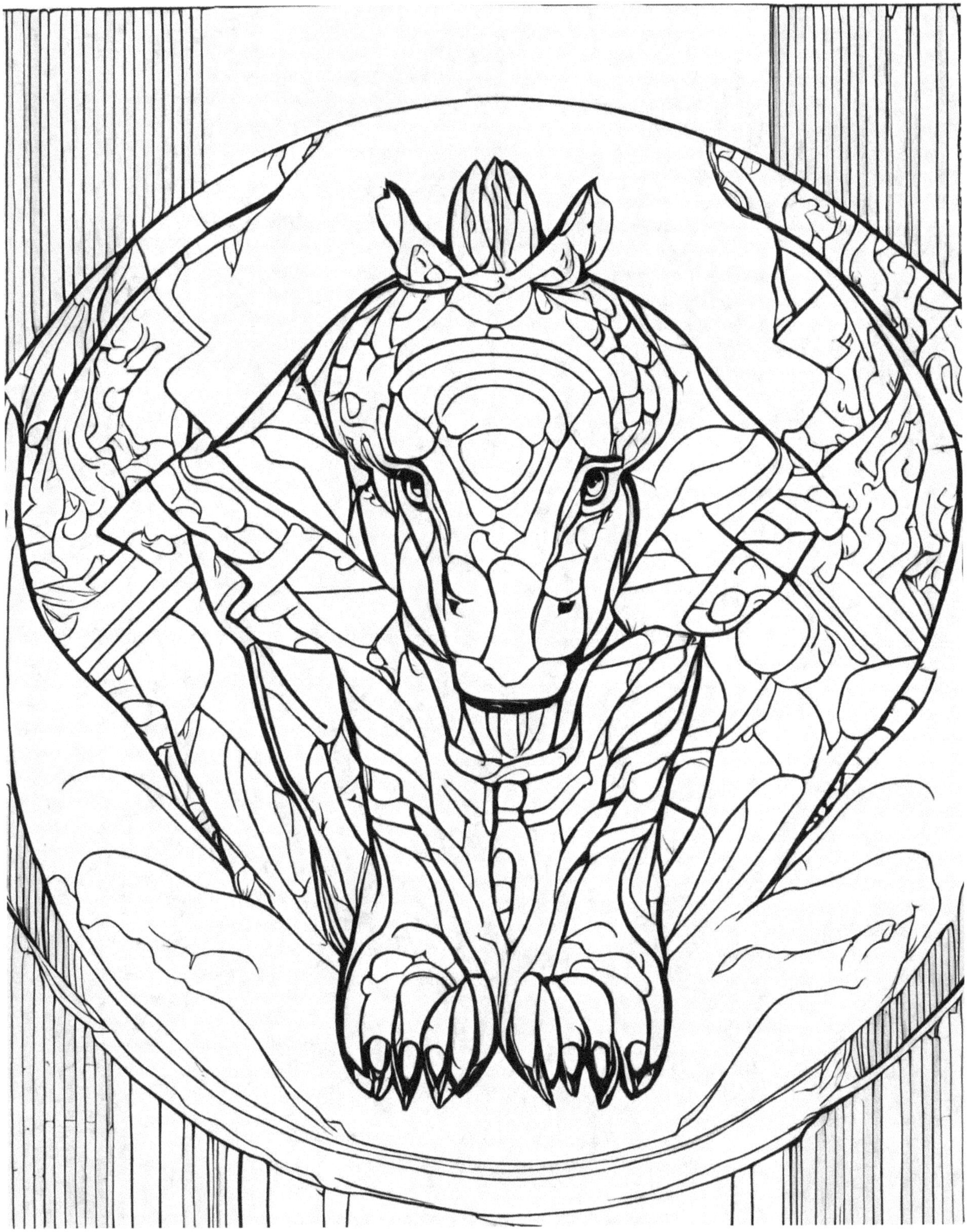

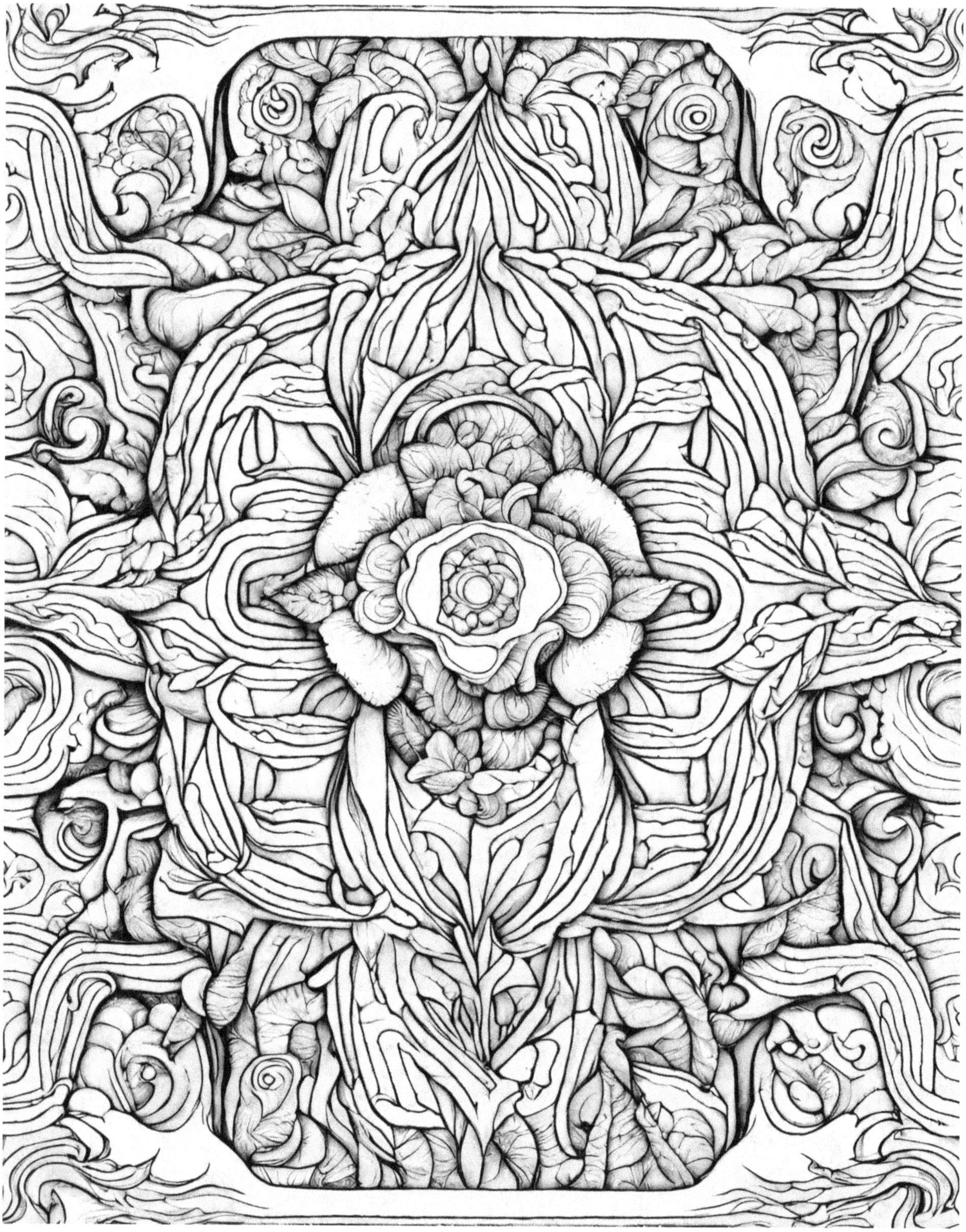

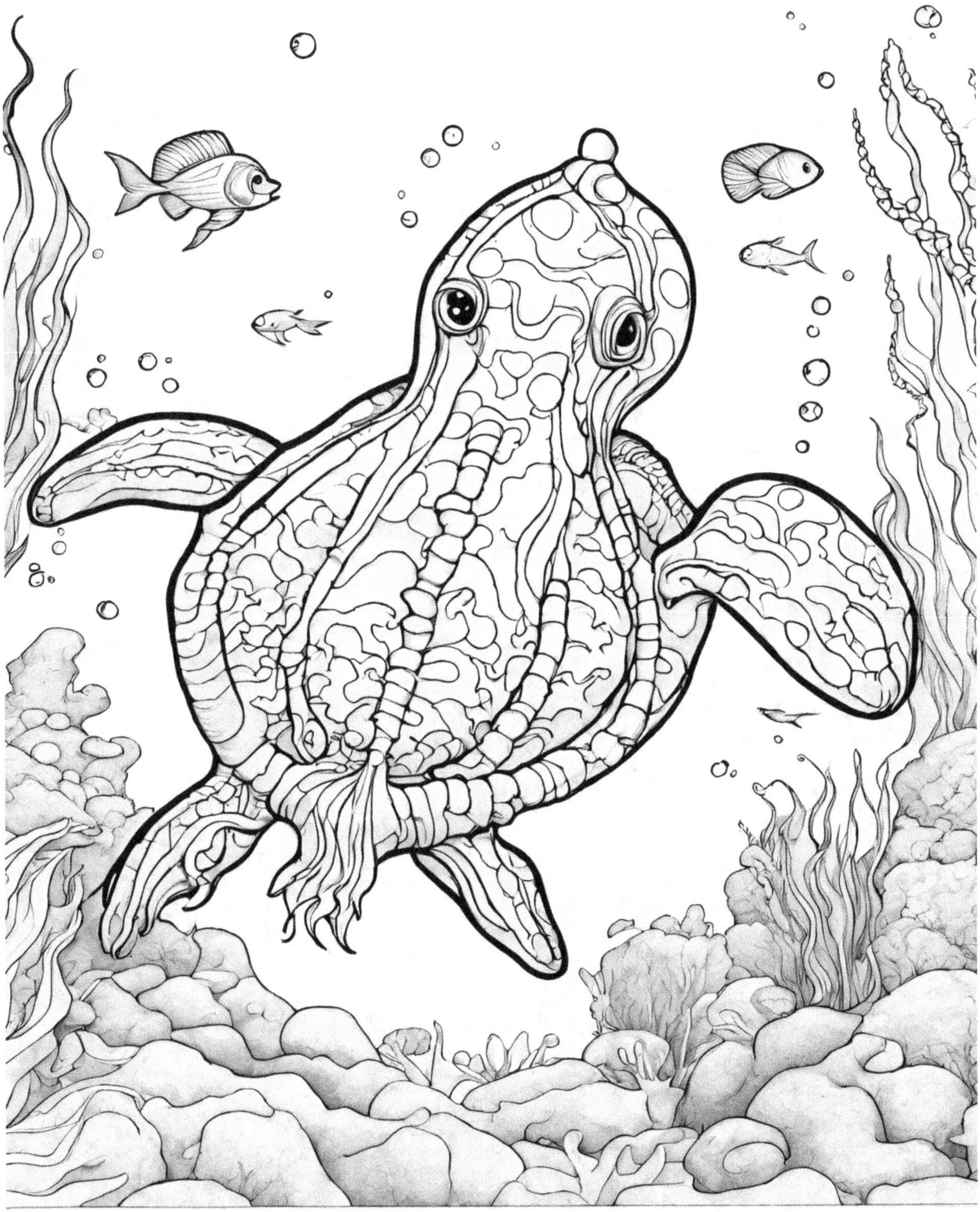

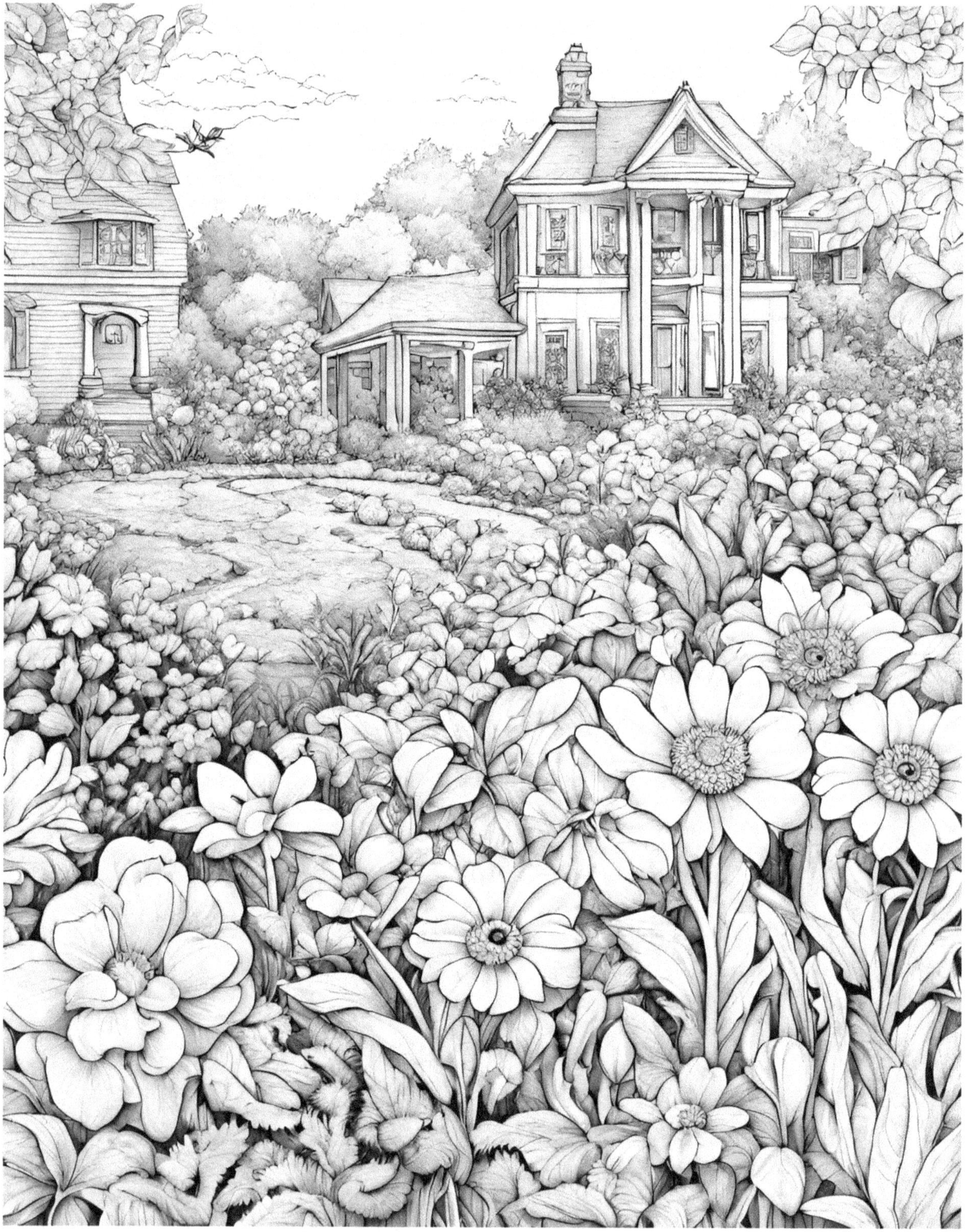

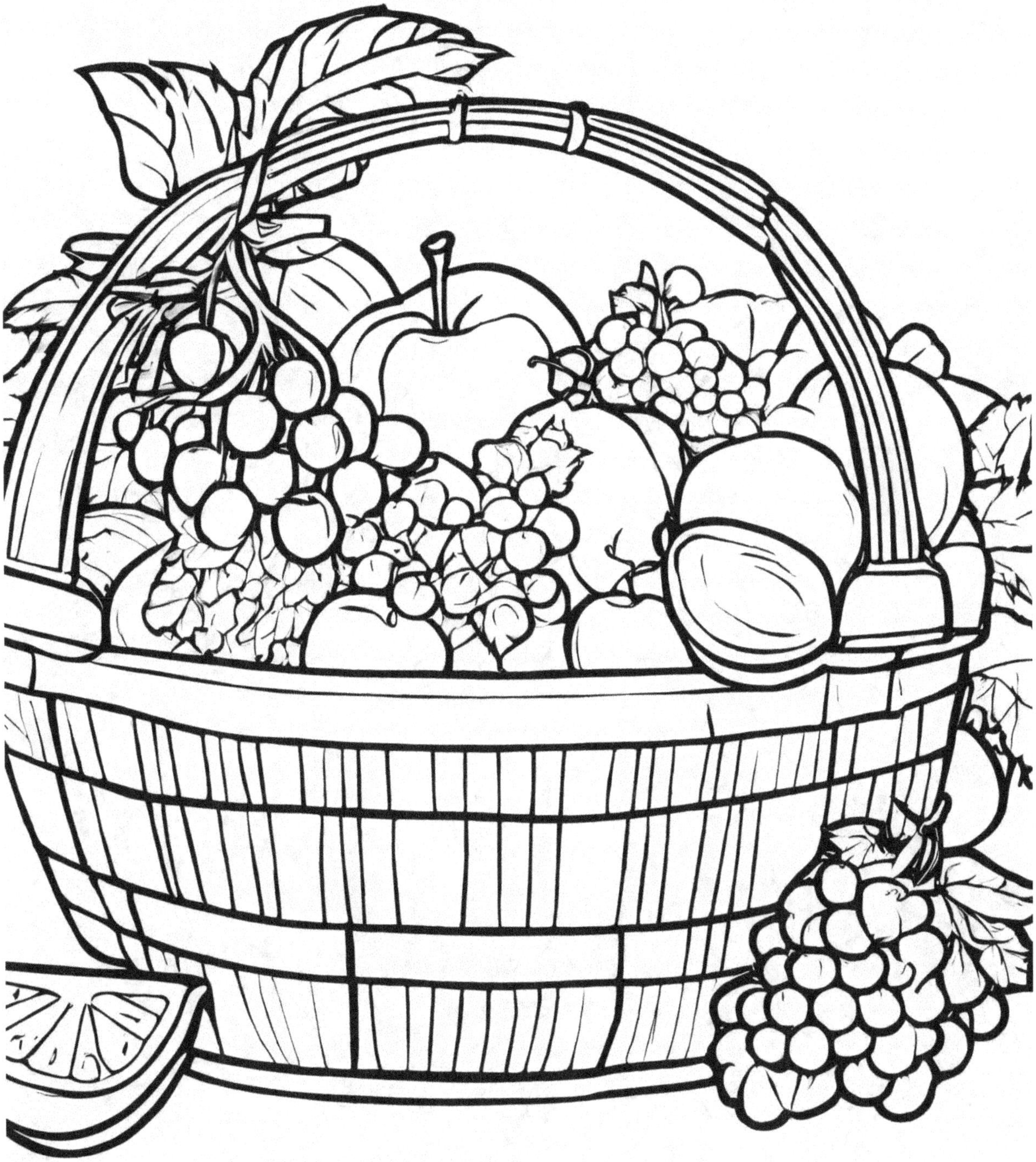

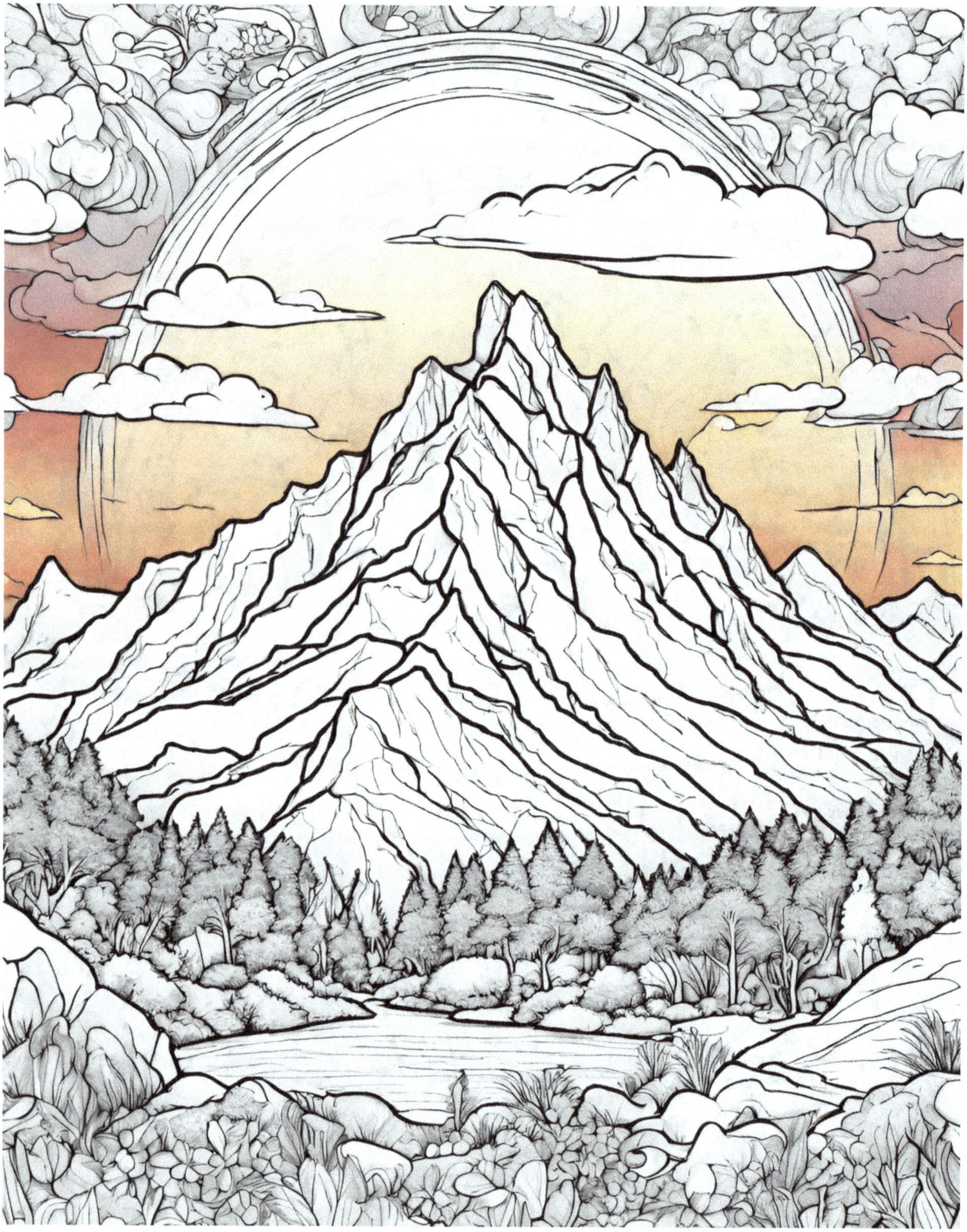

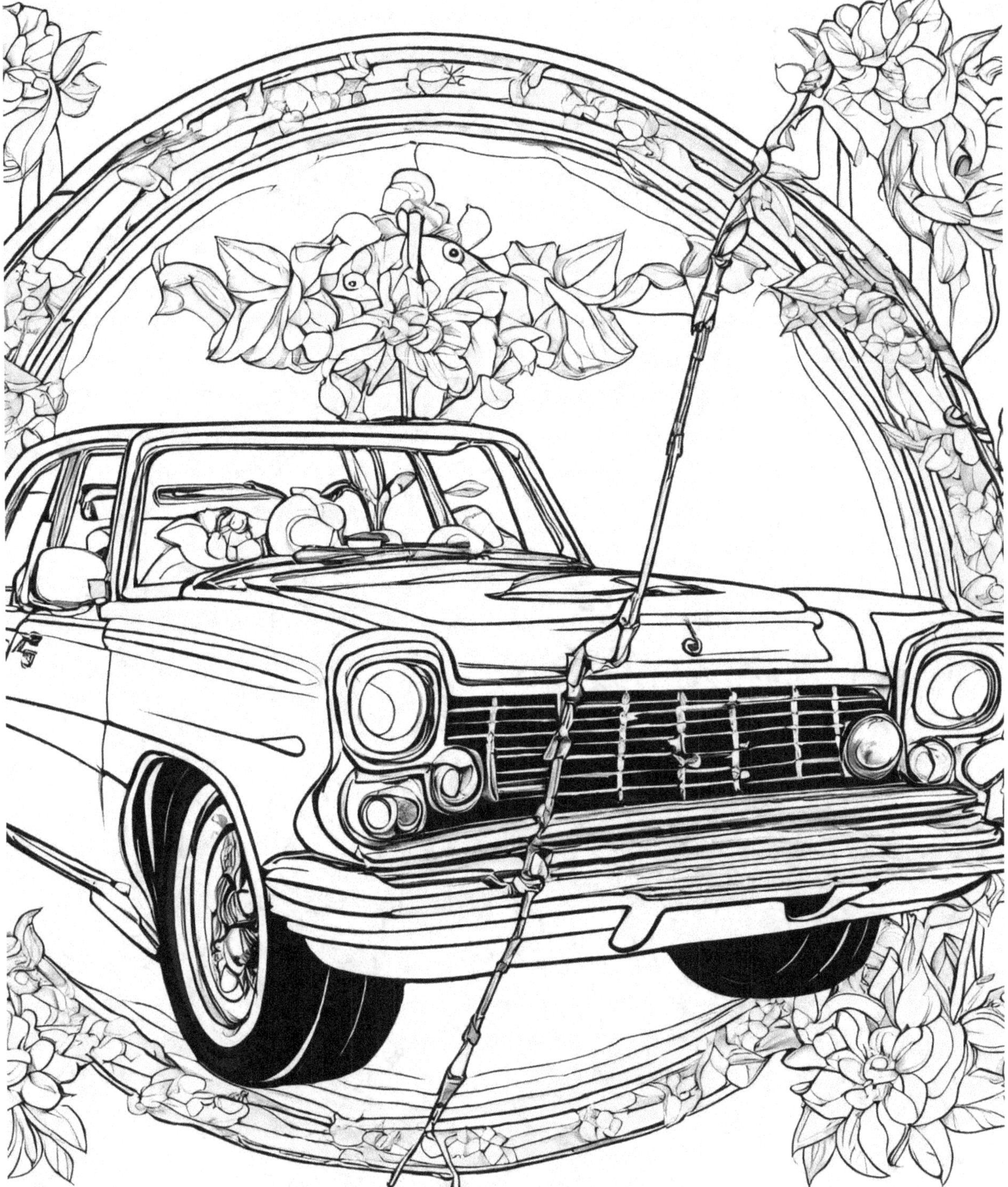

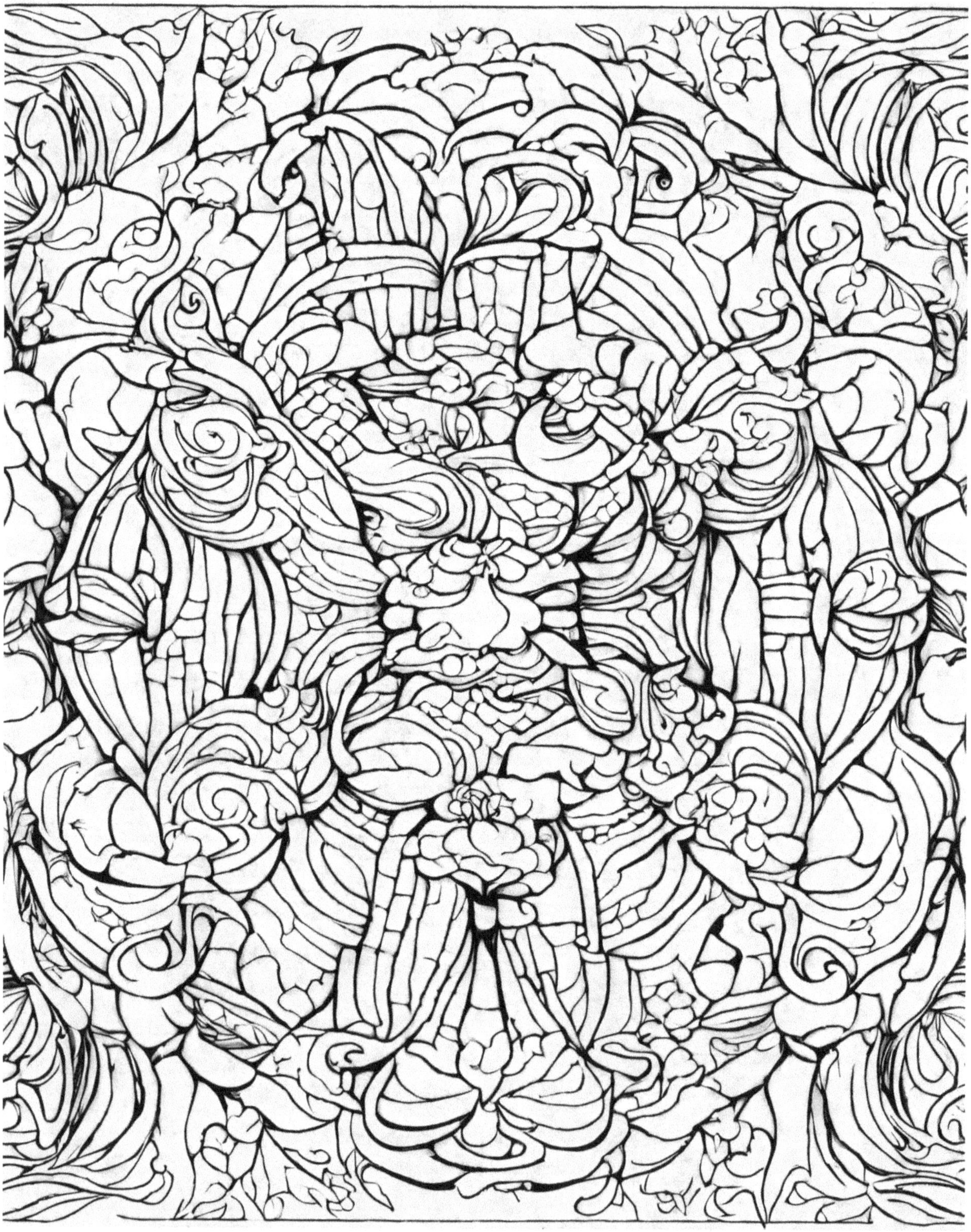

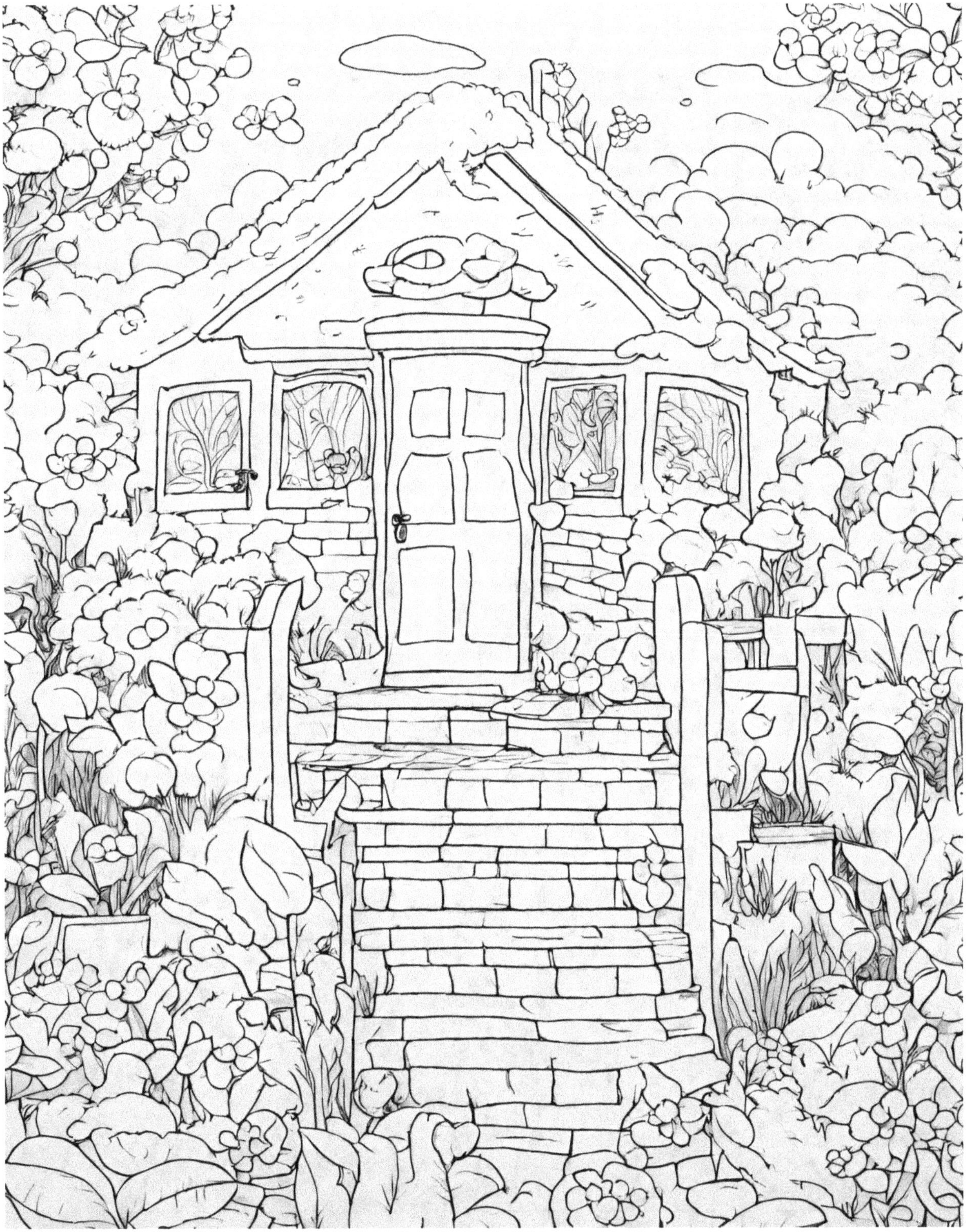

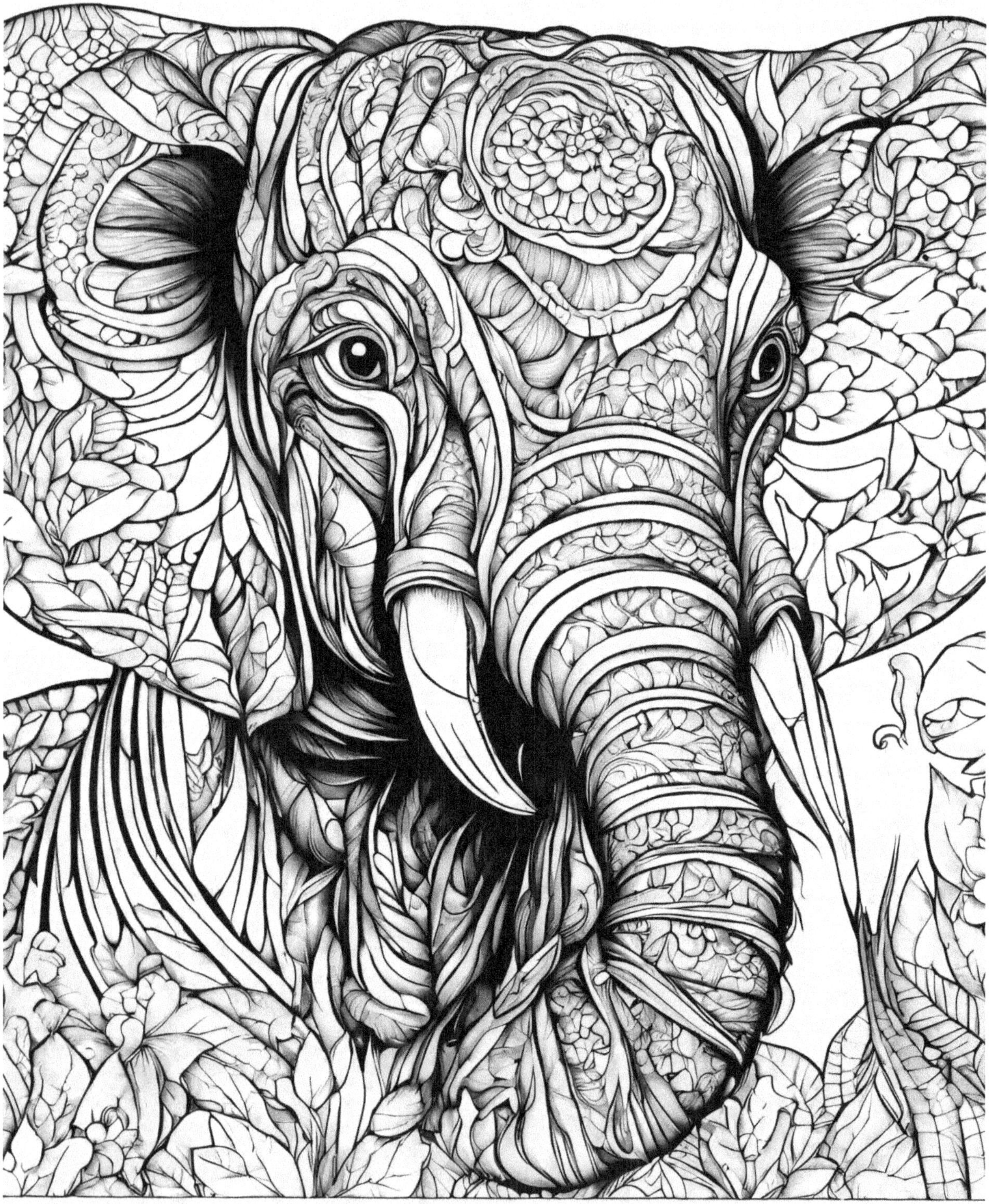

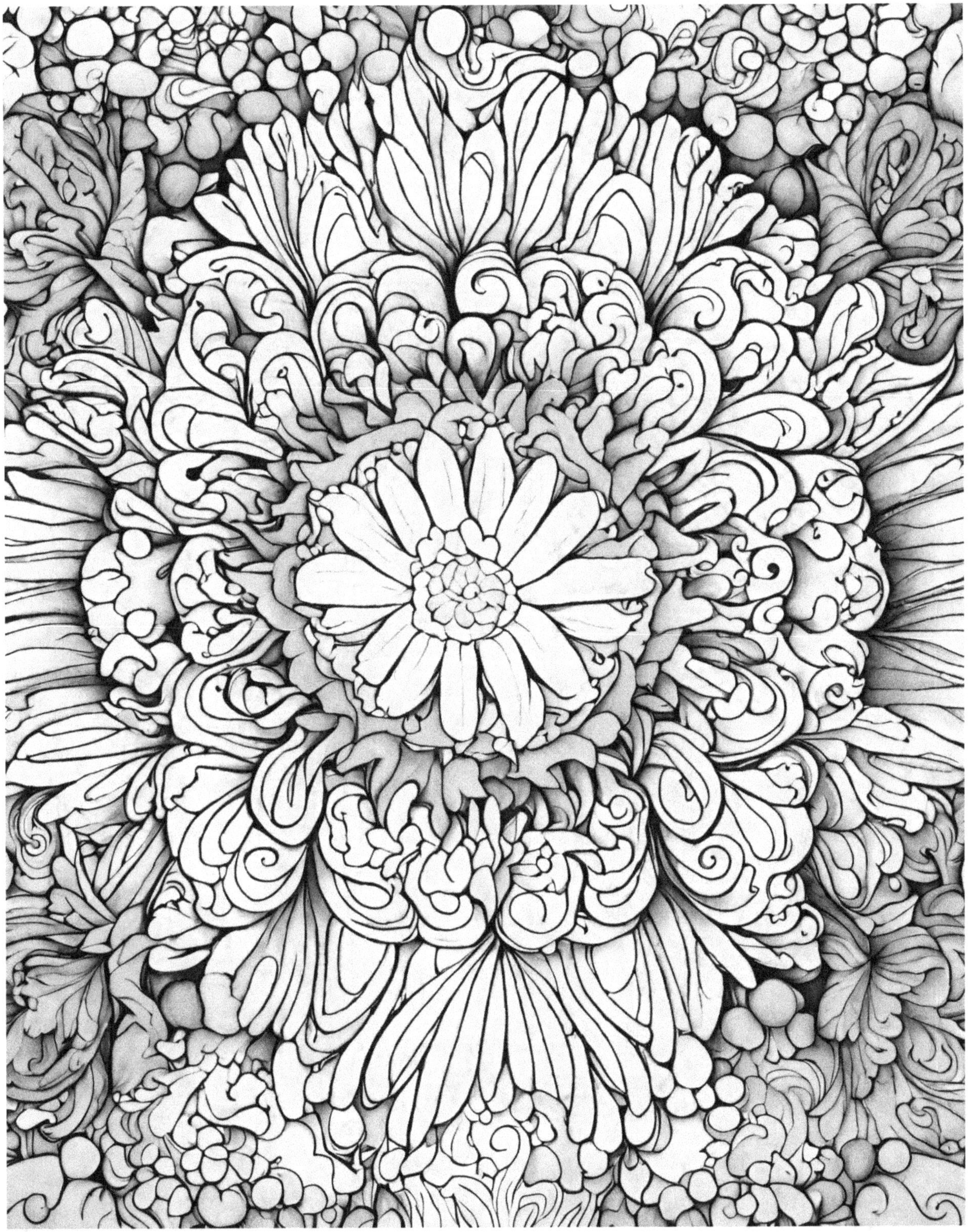

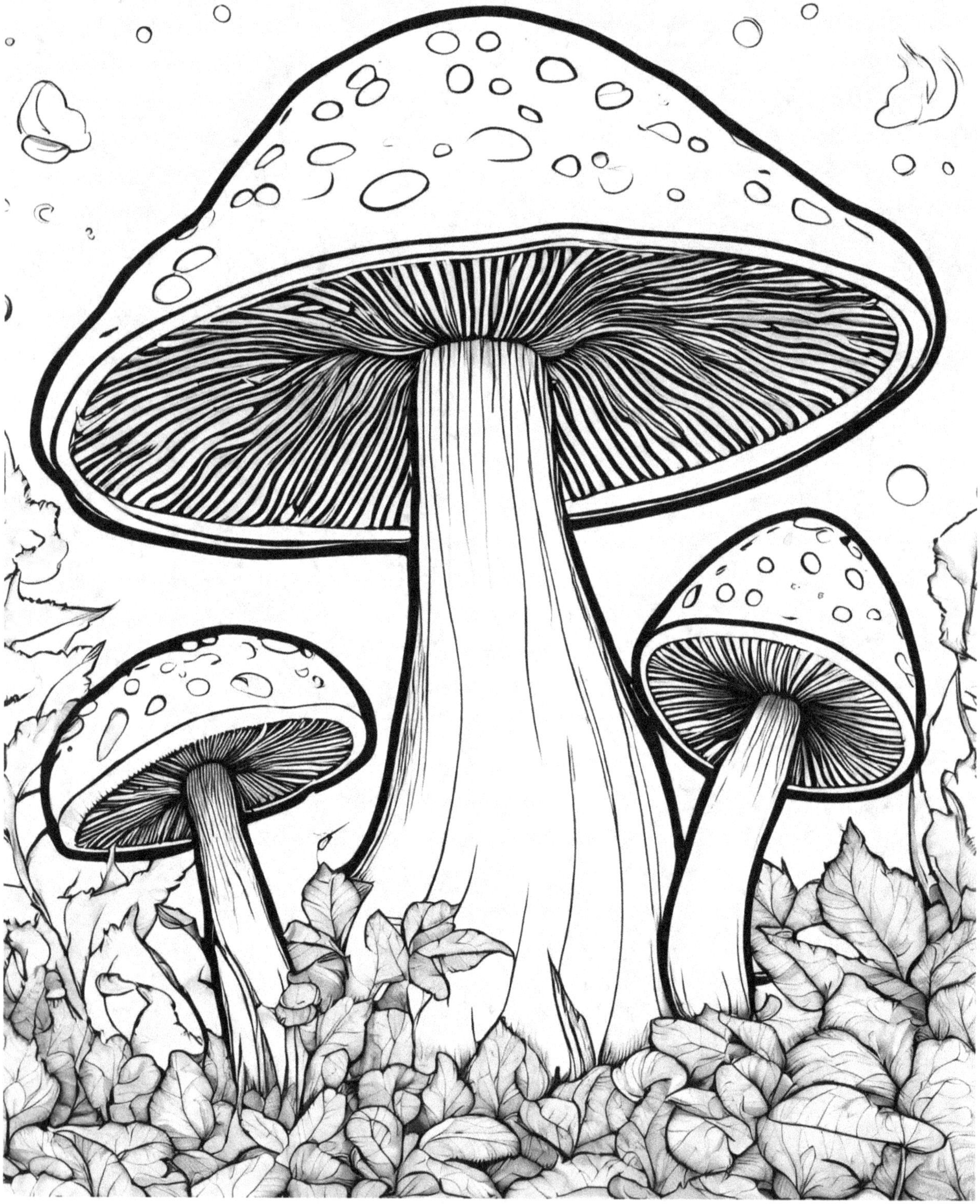

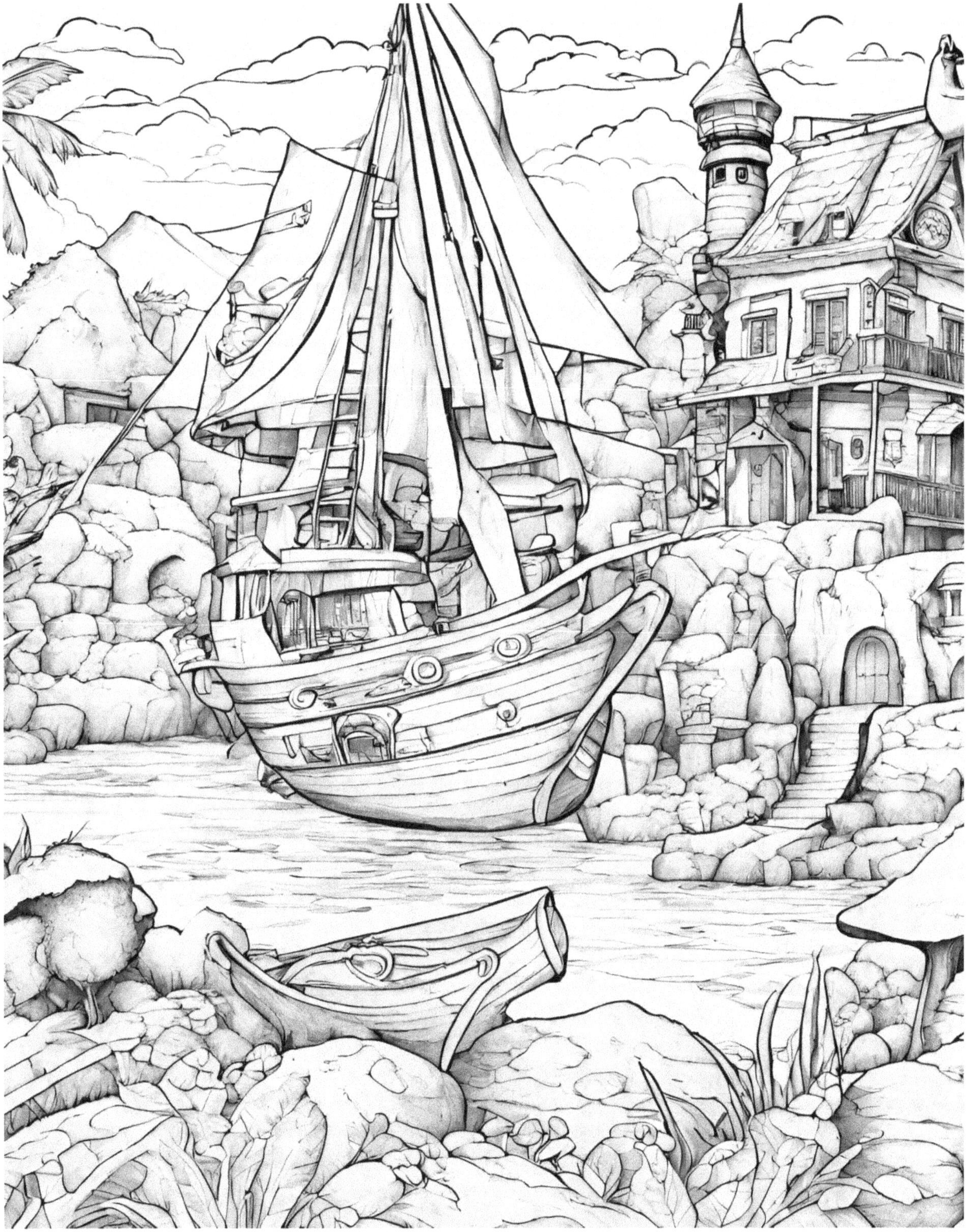

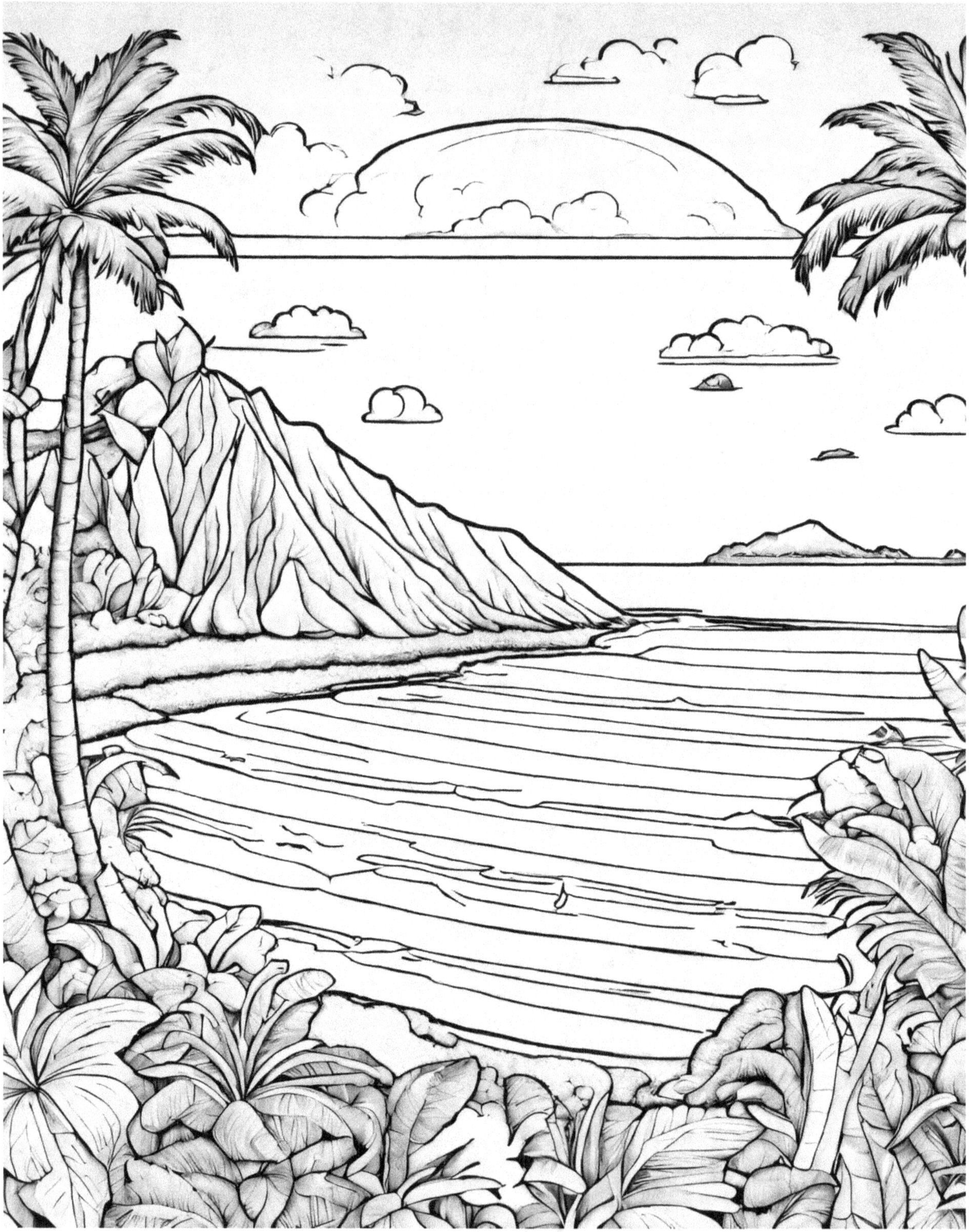

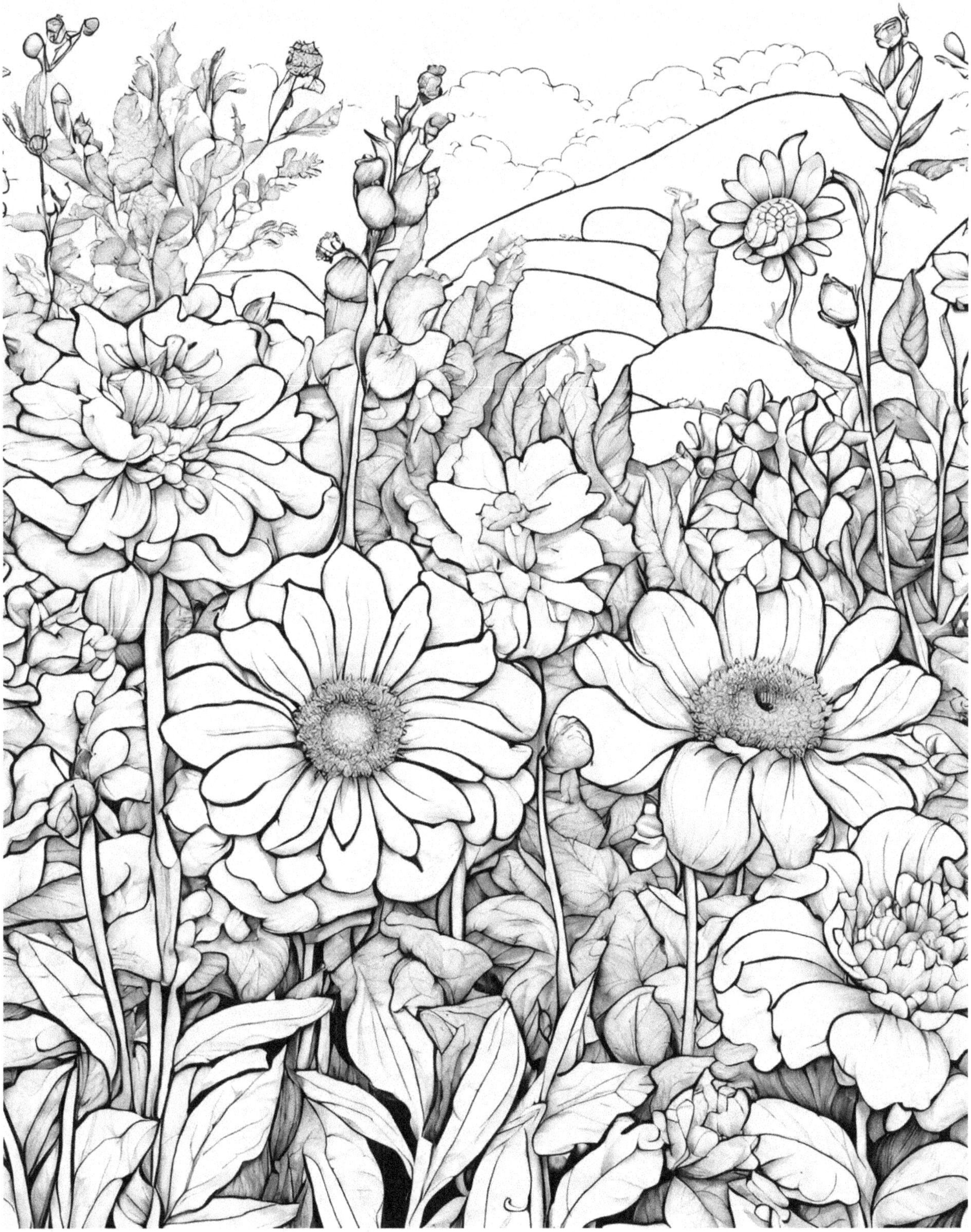

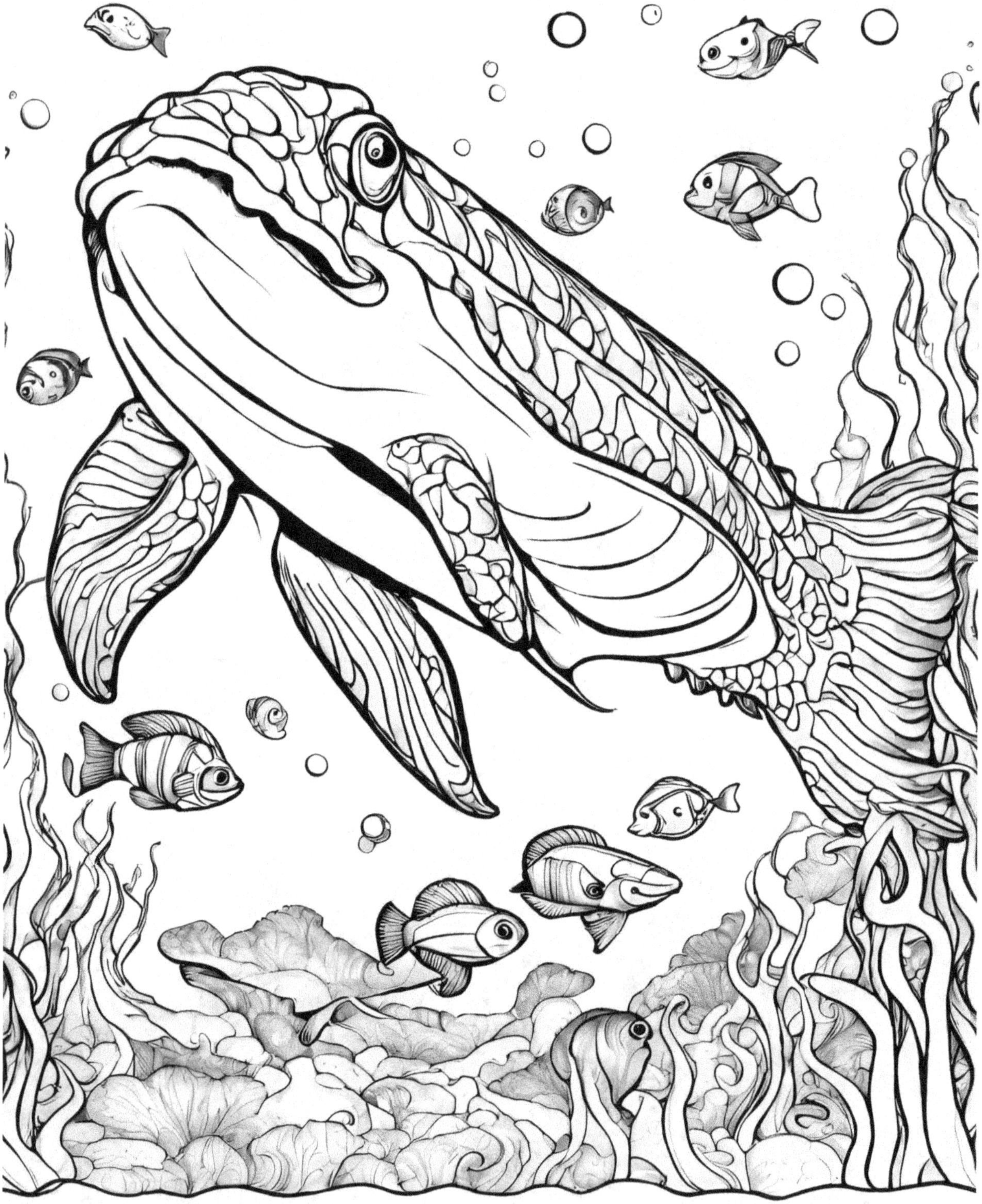

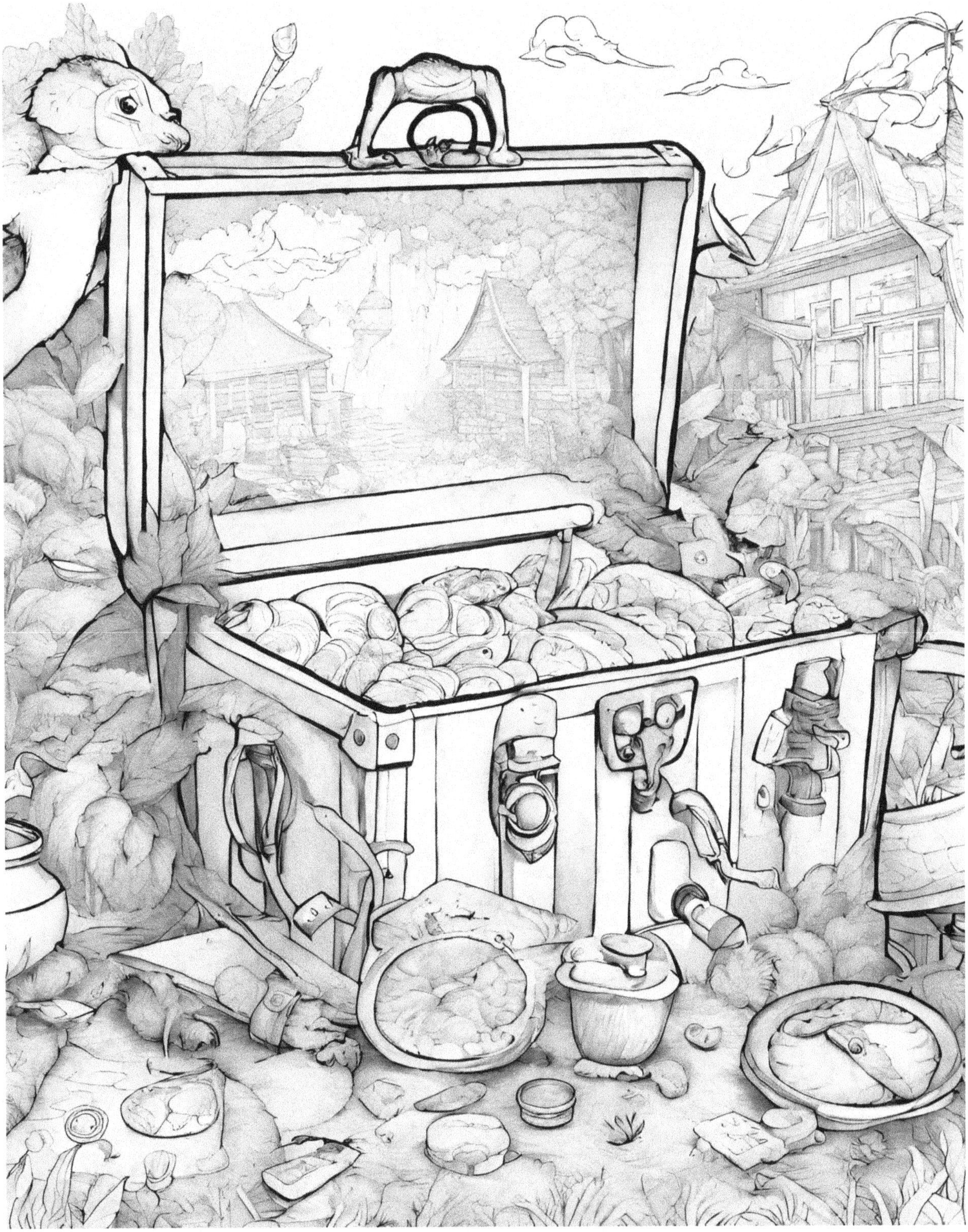

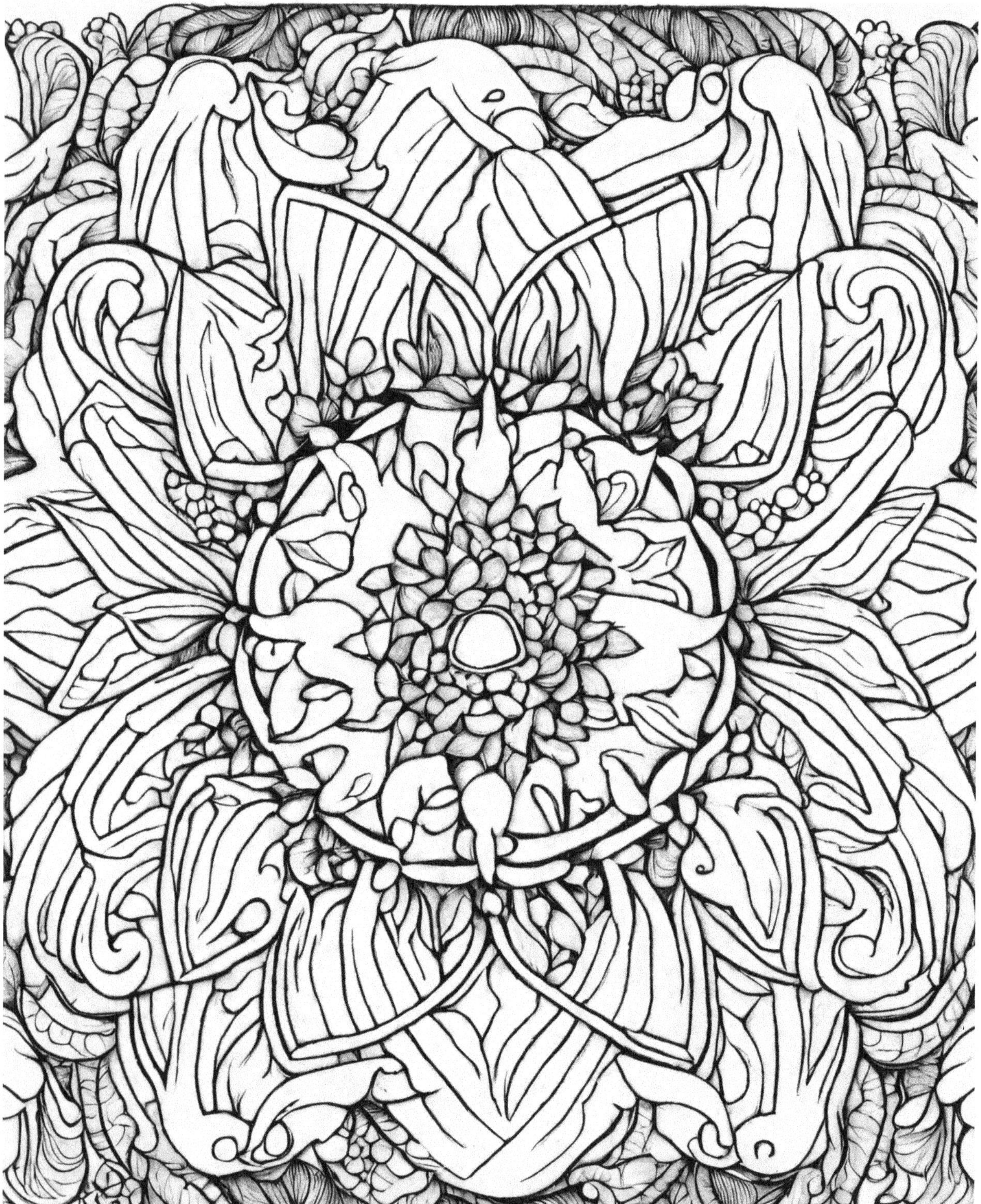

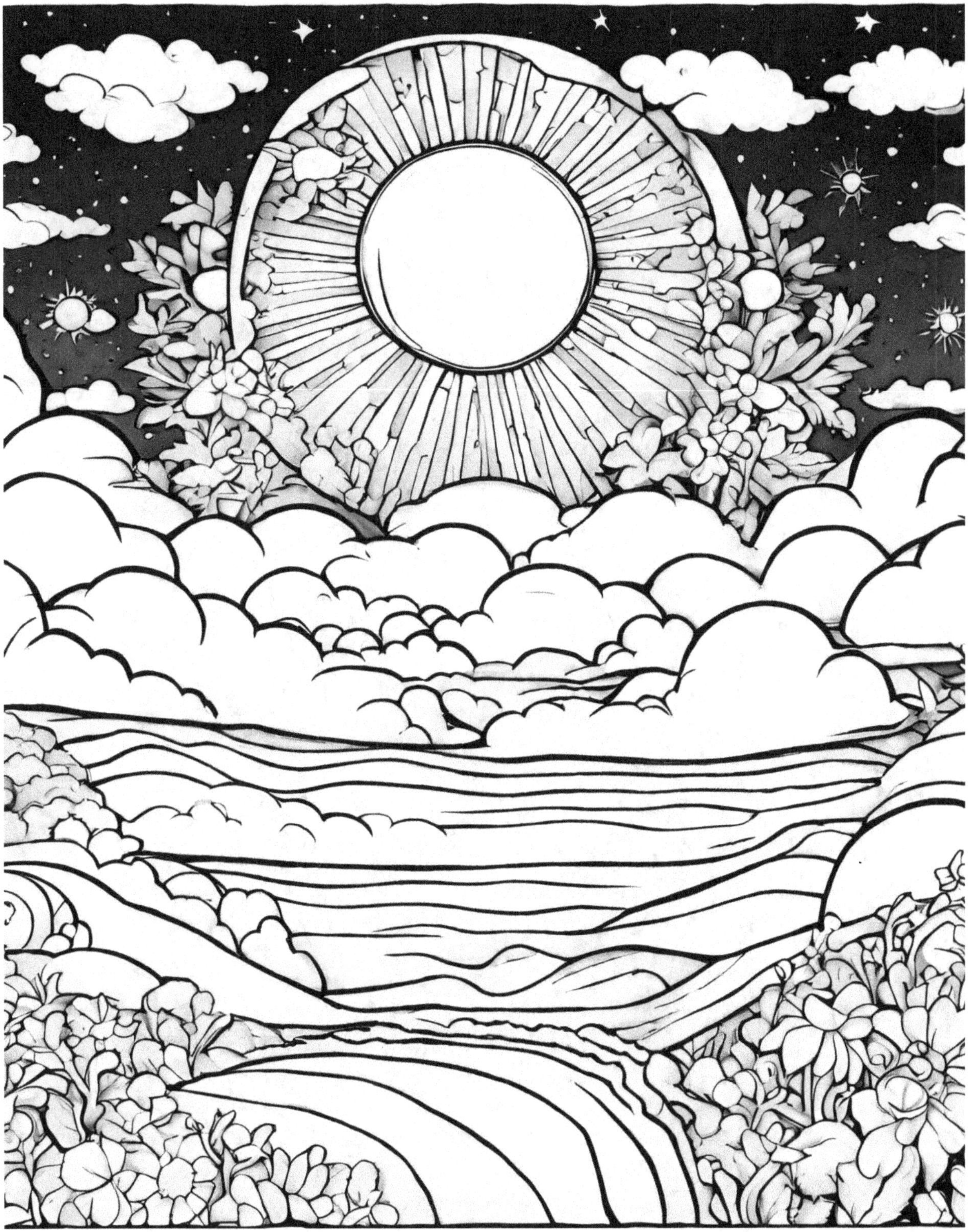

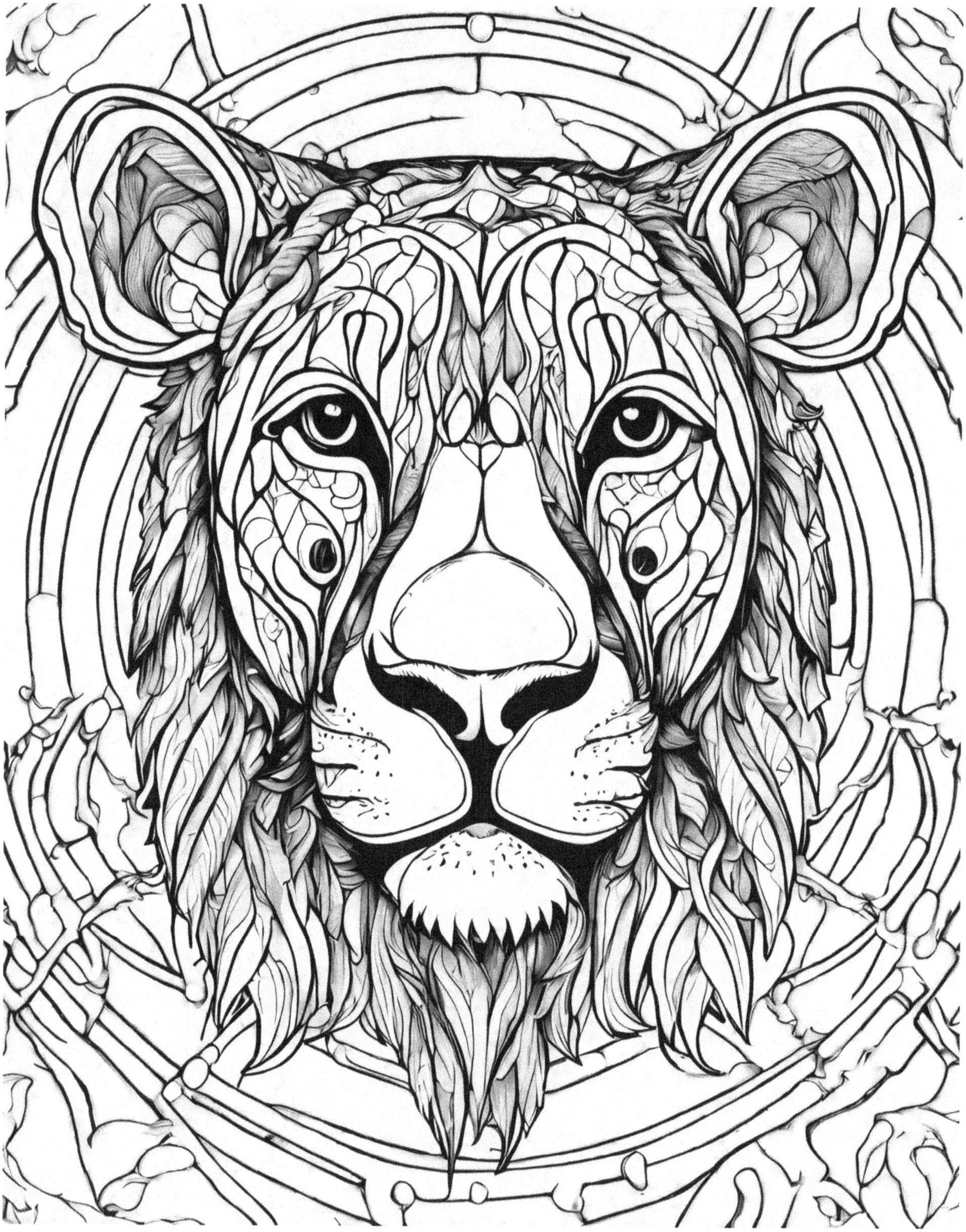

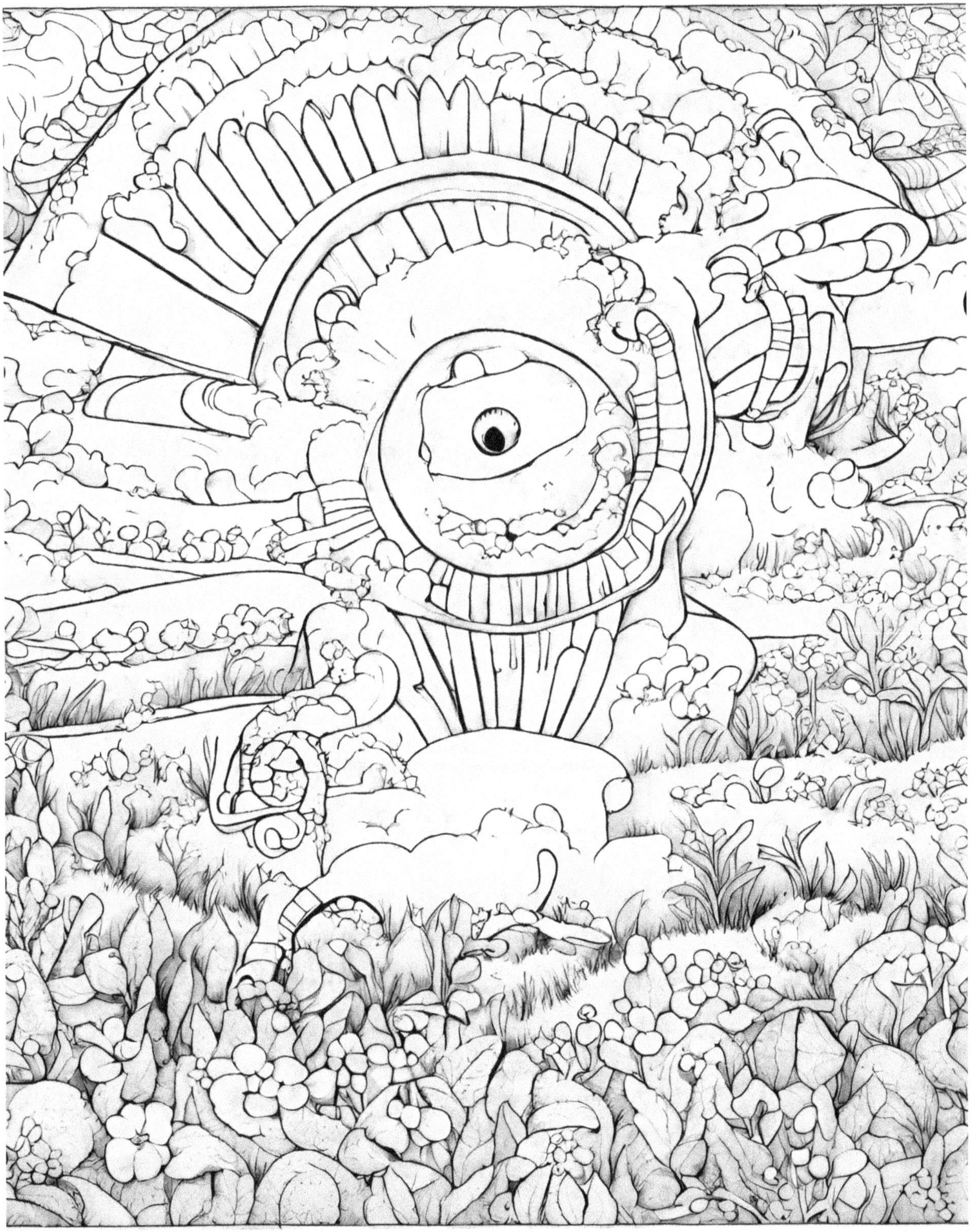

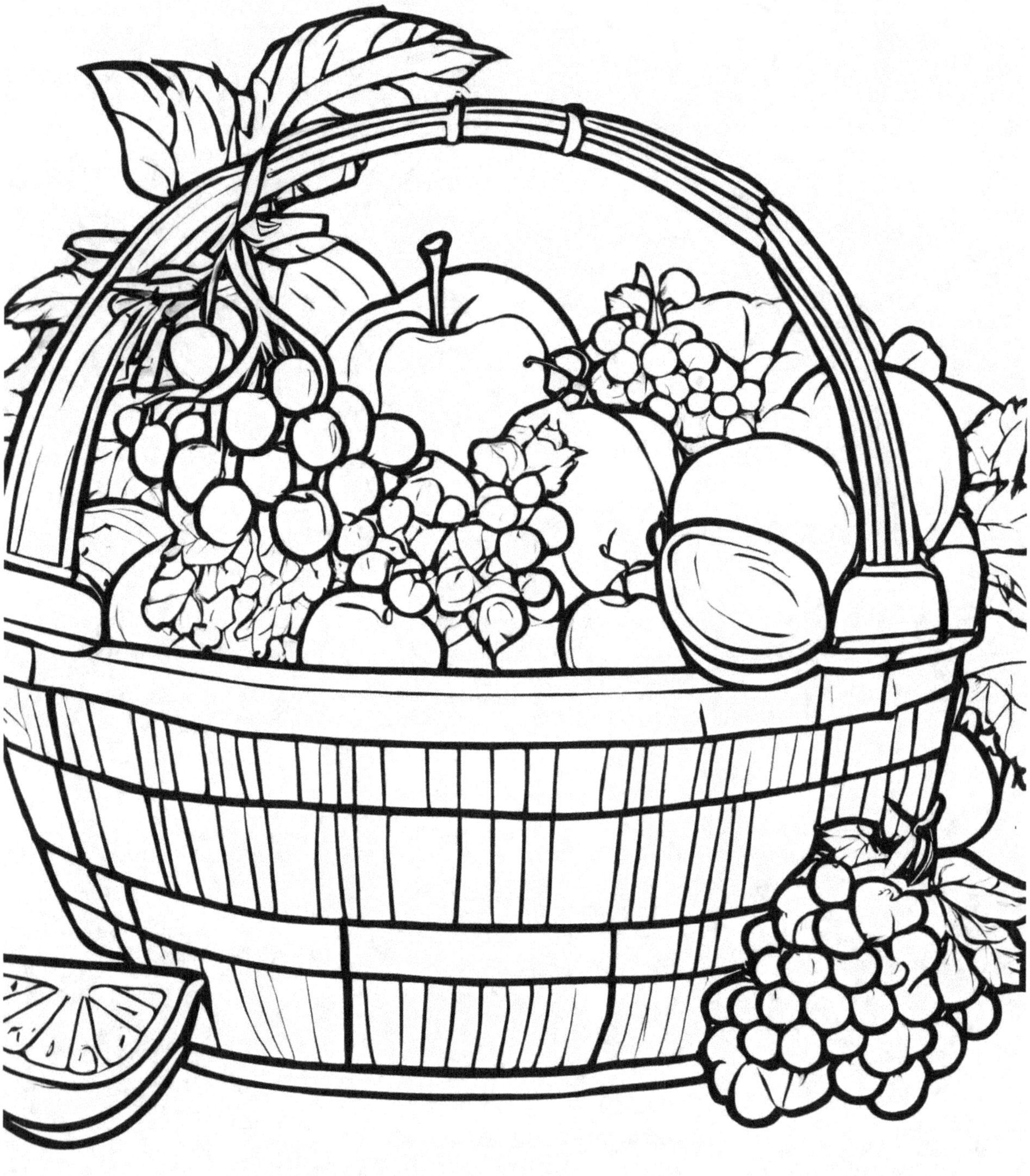

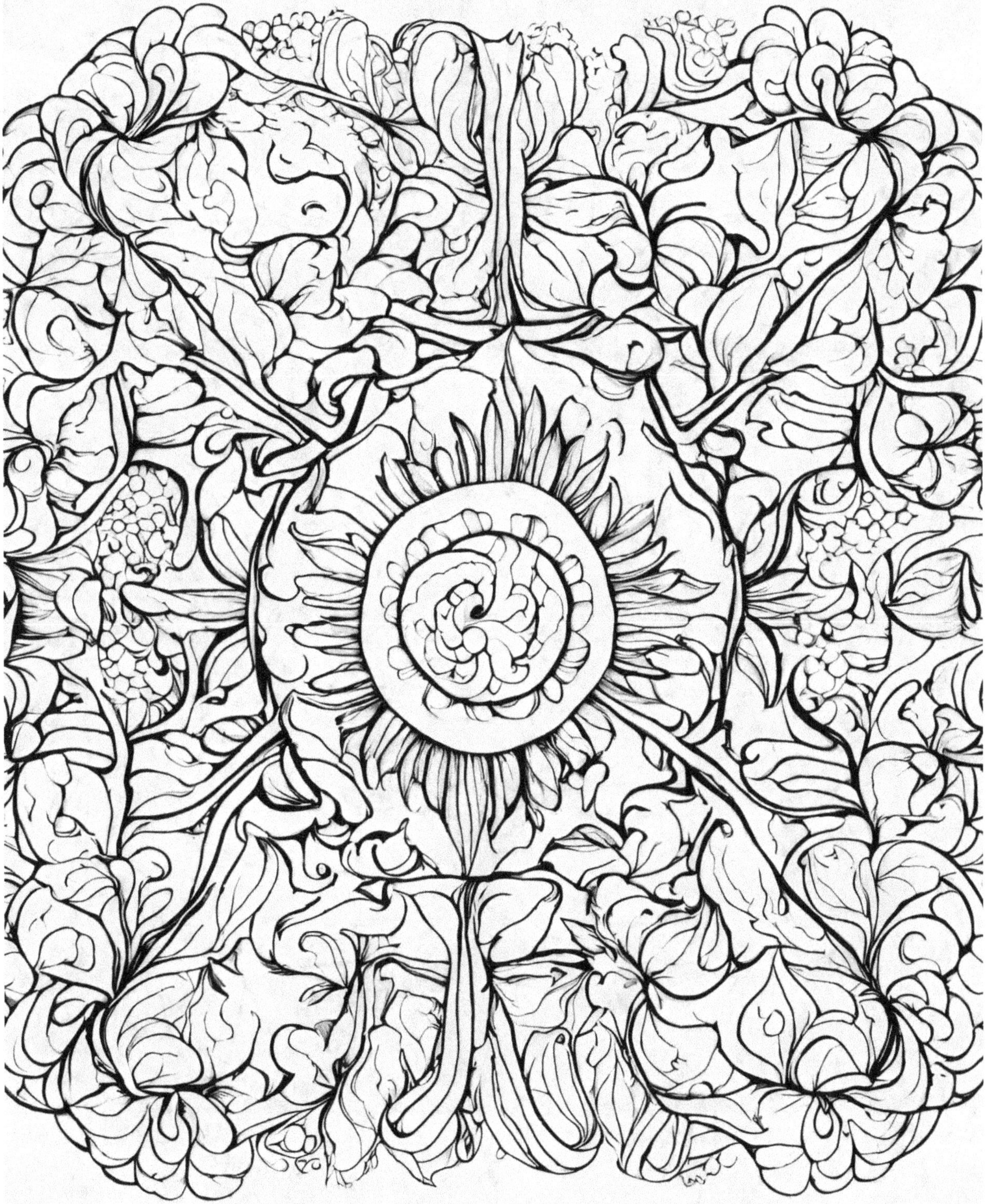

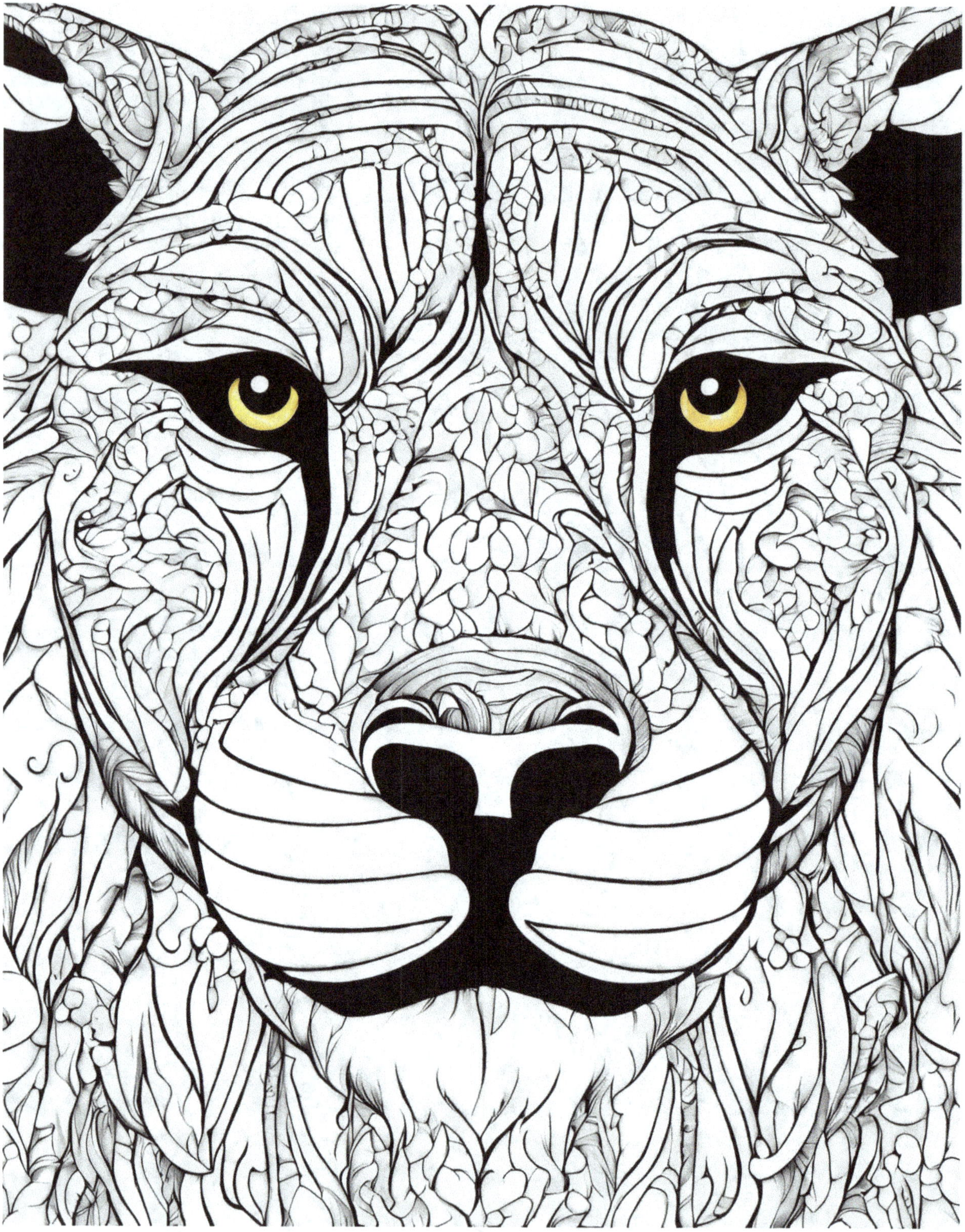

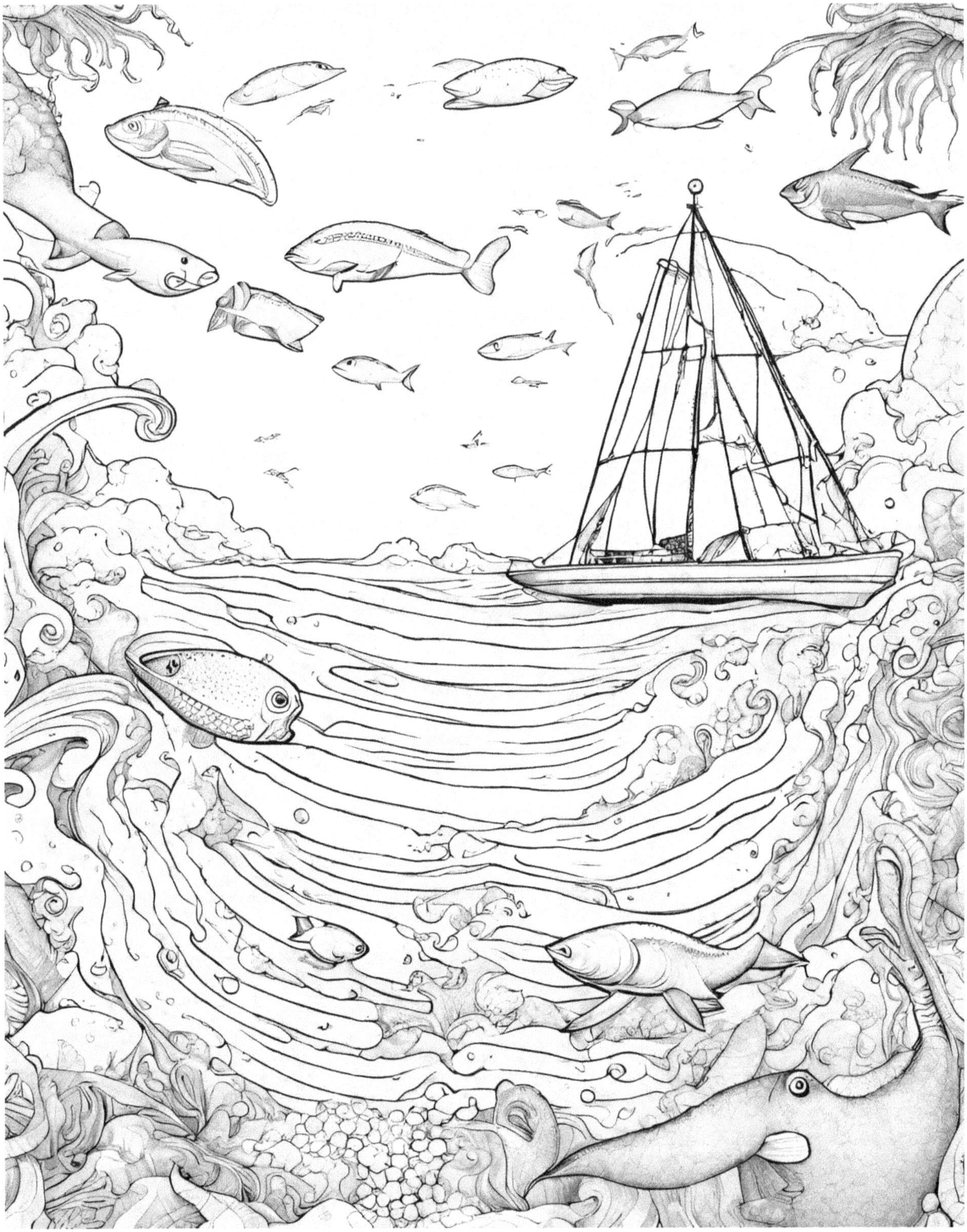

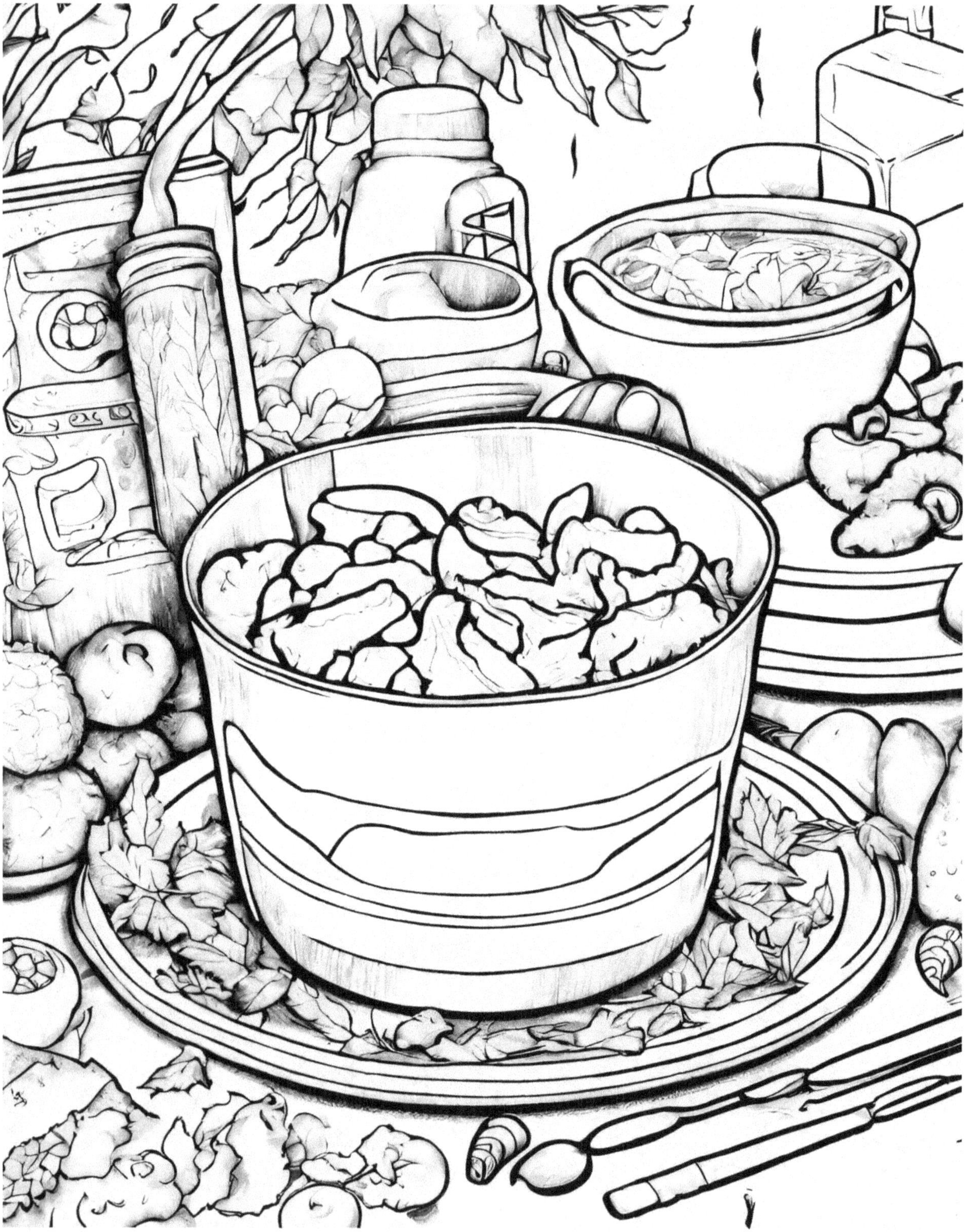

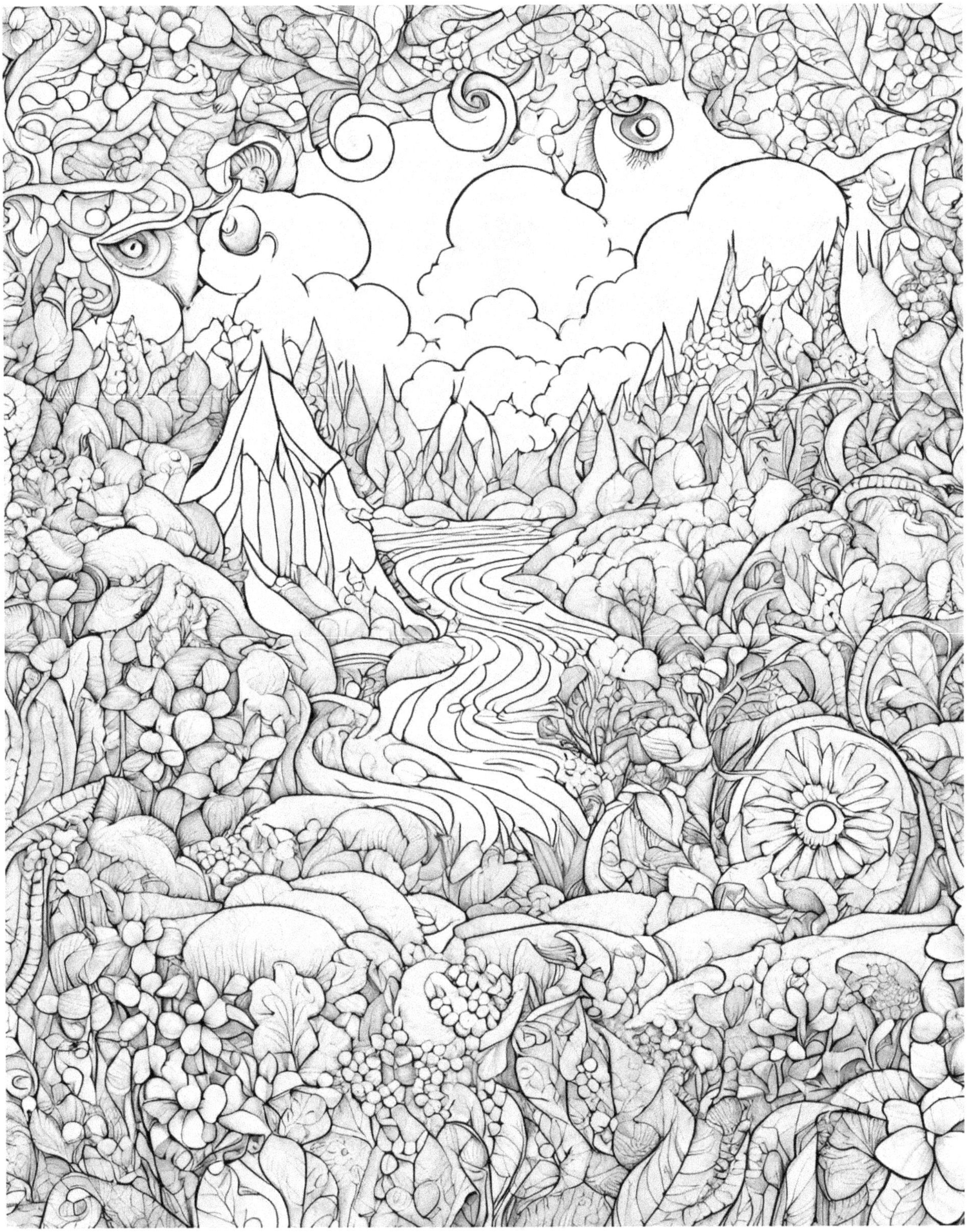

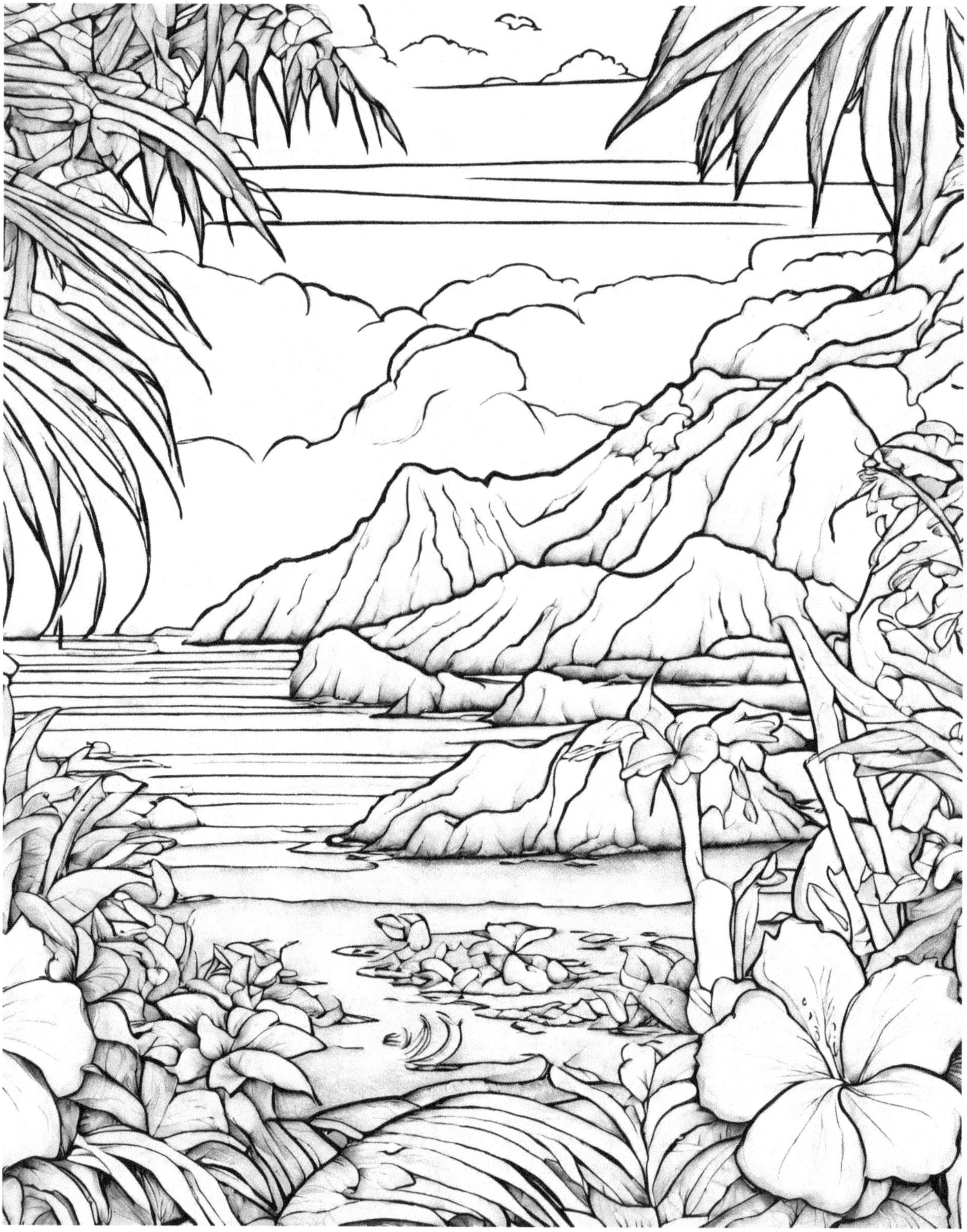

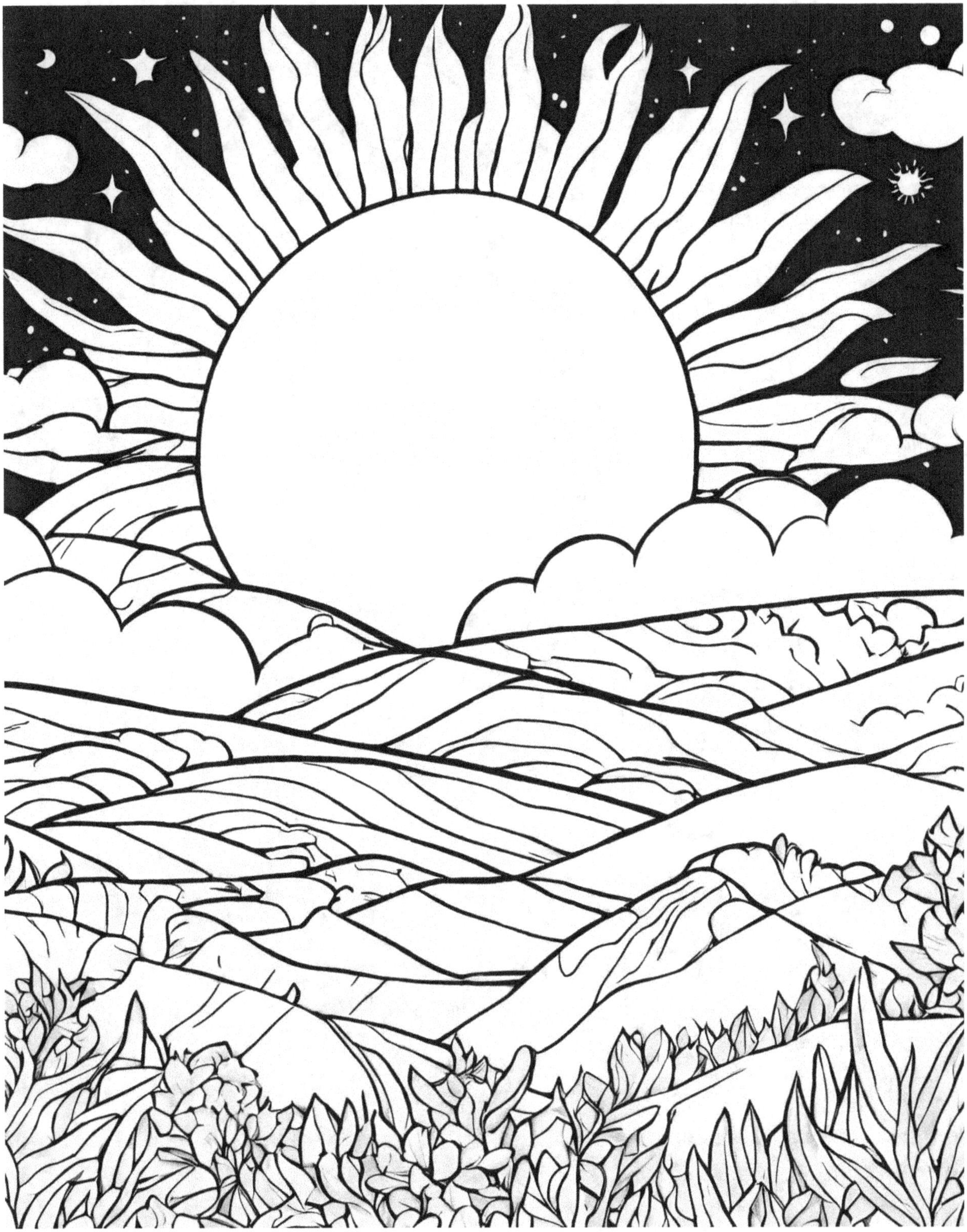

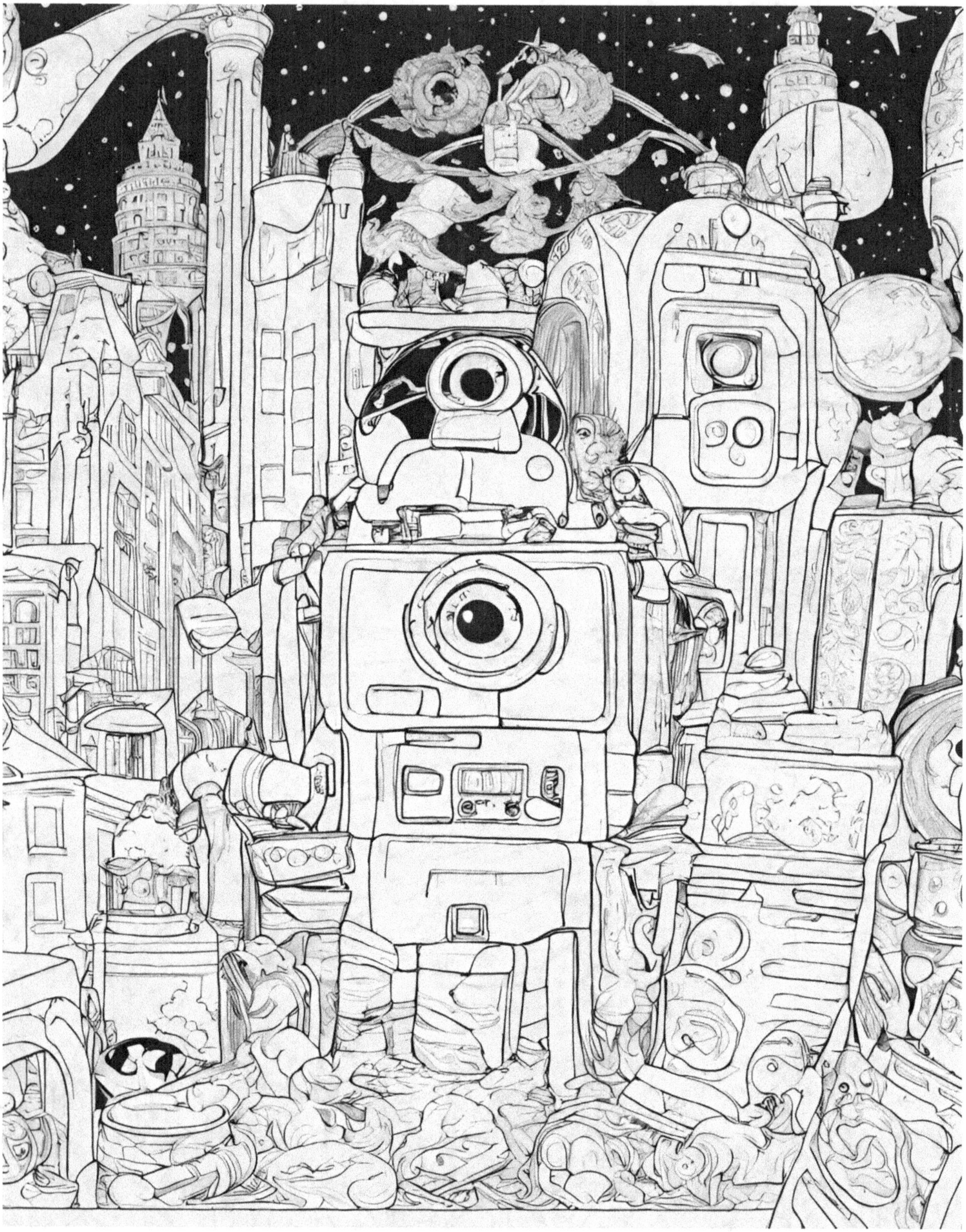

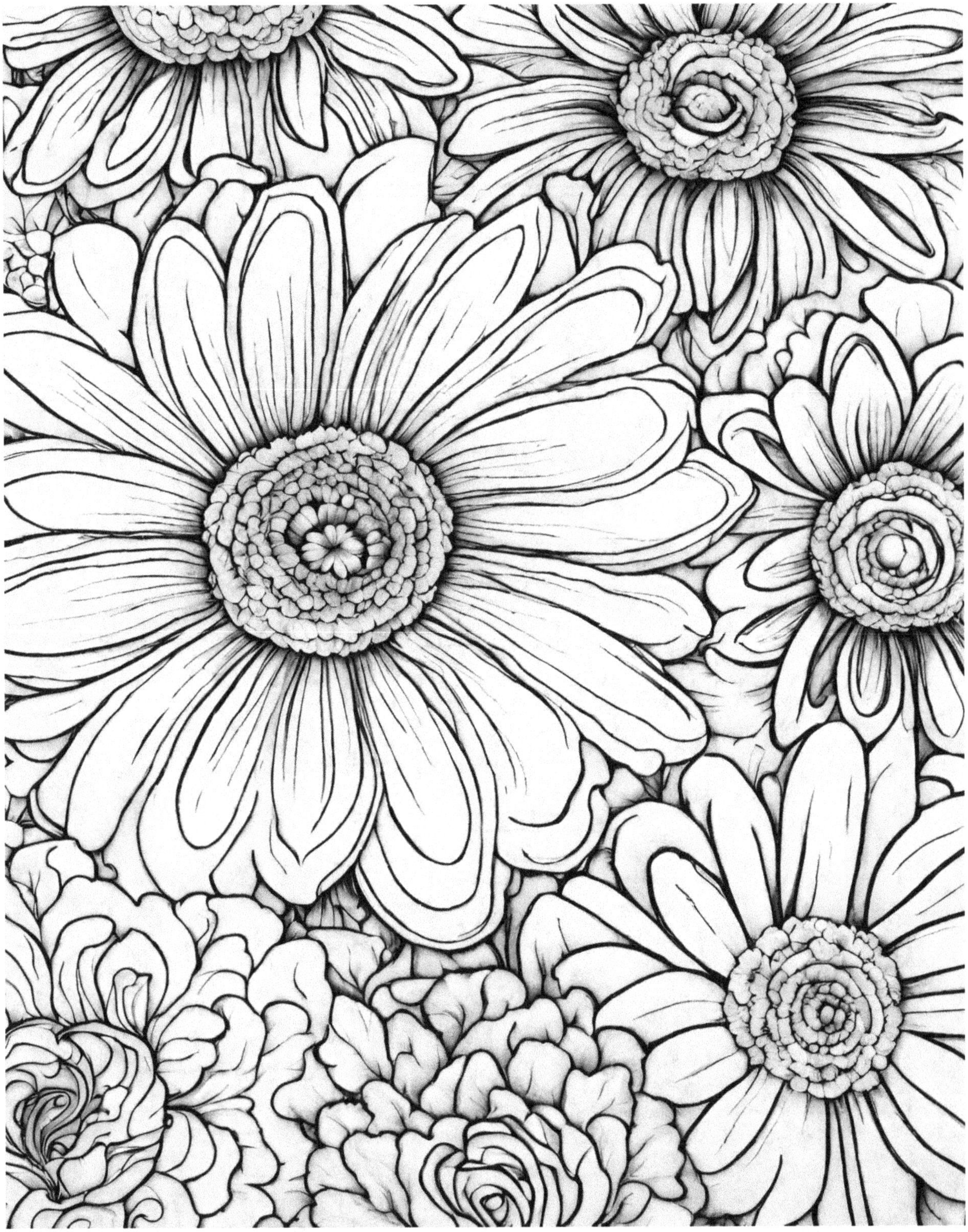

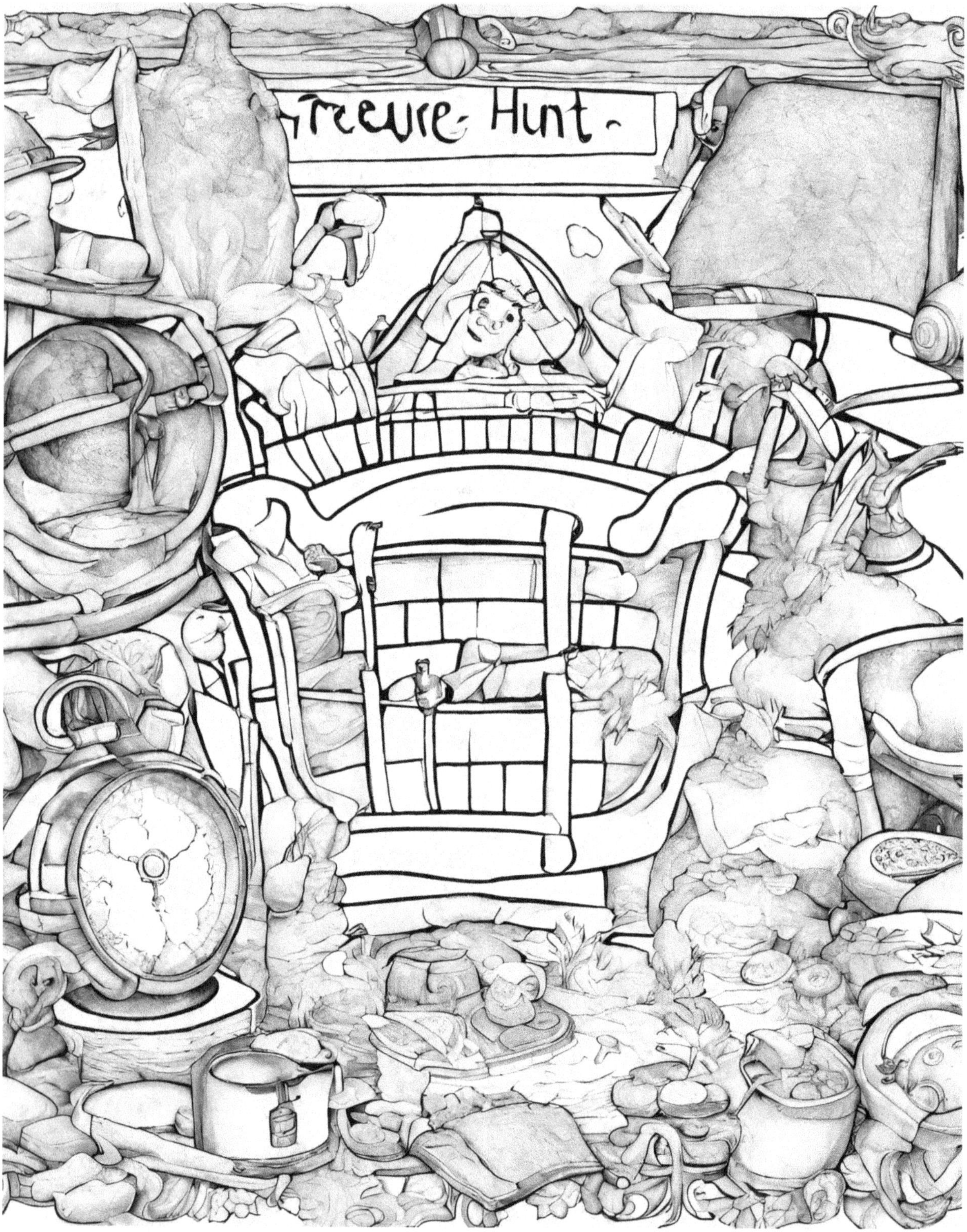
Treeure Hunt

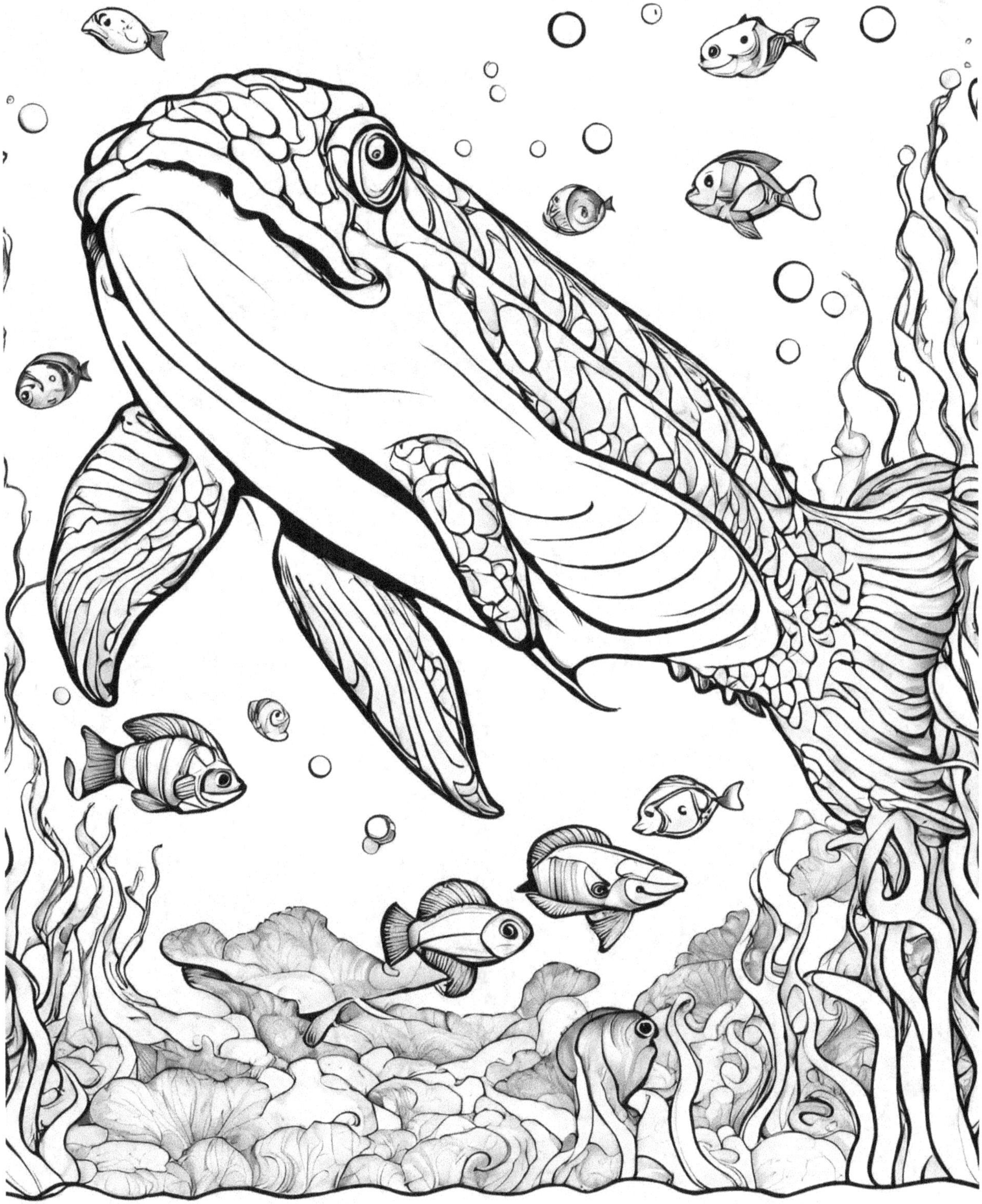

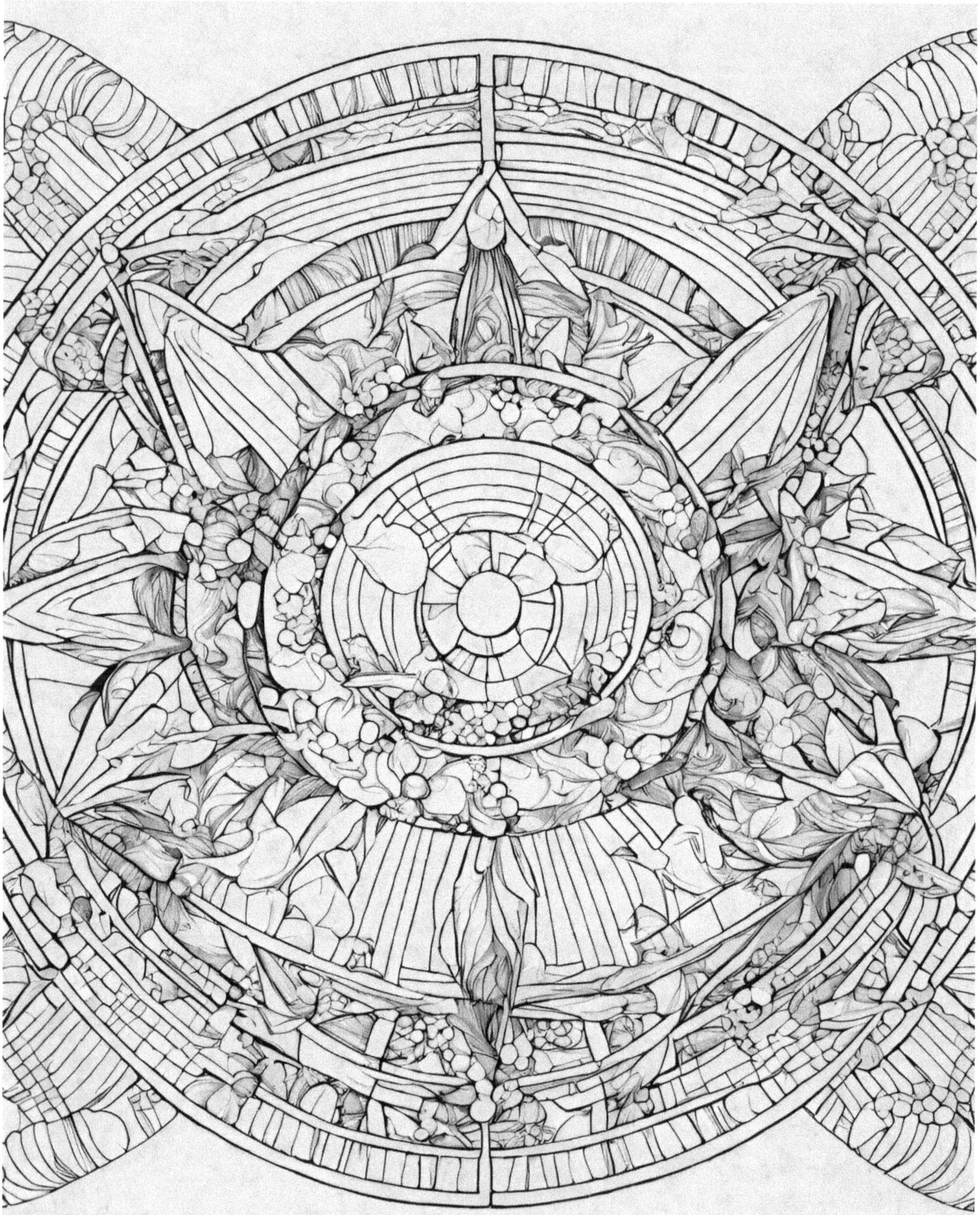

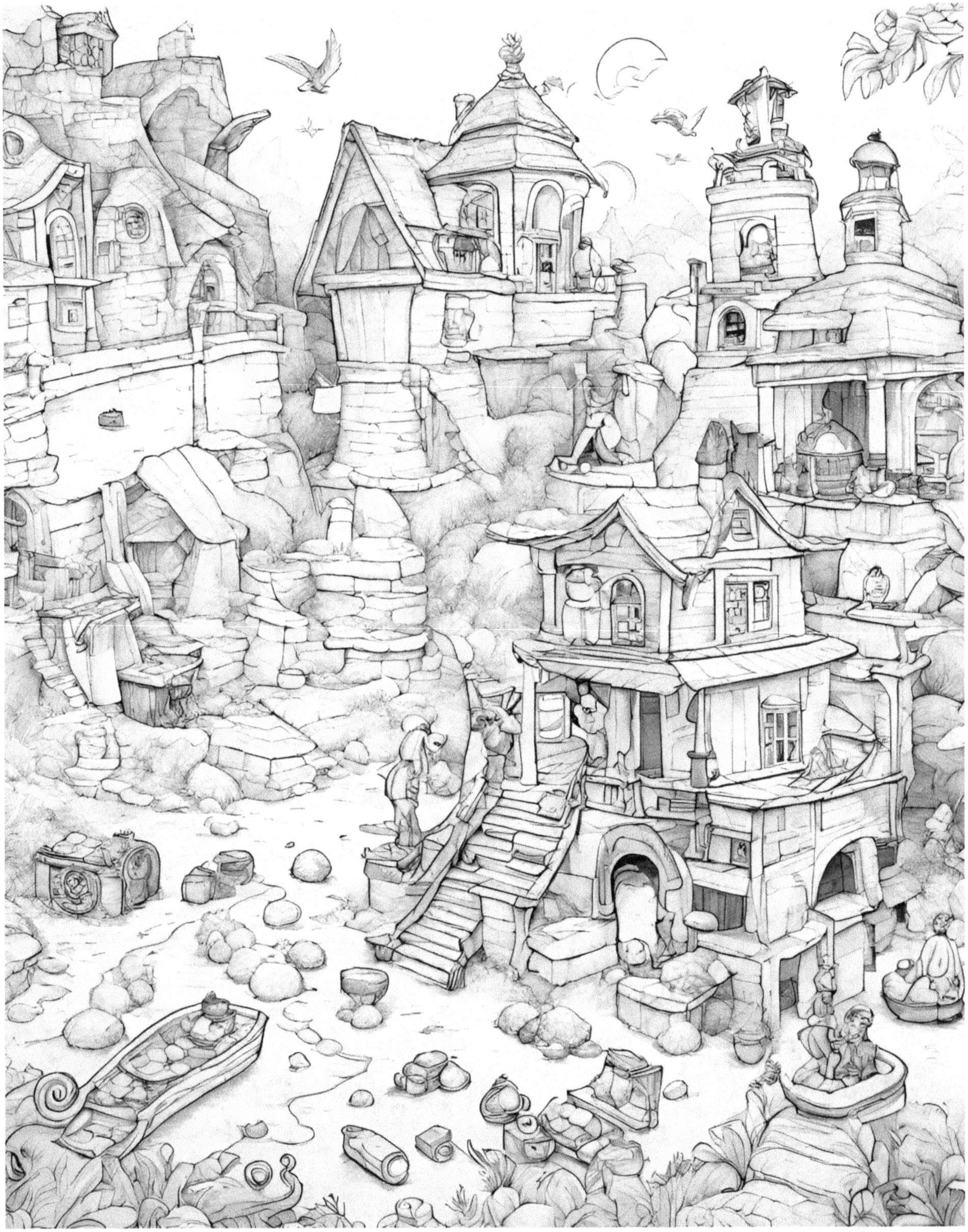

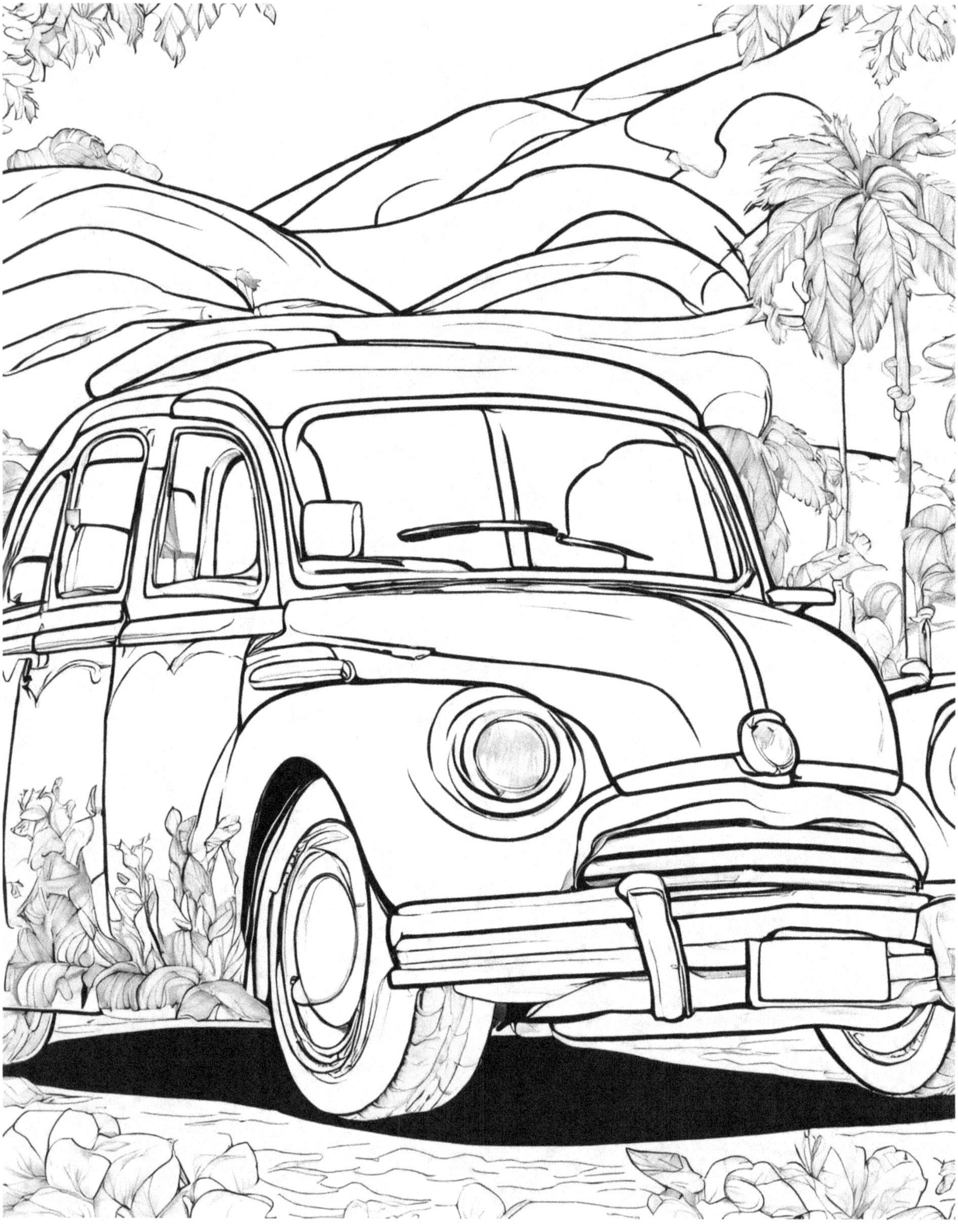

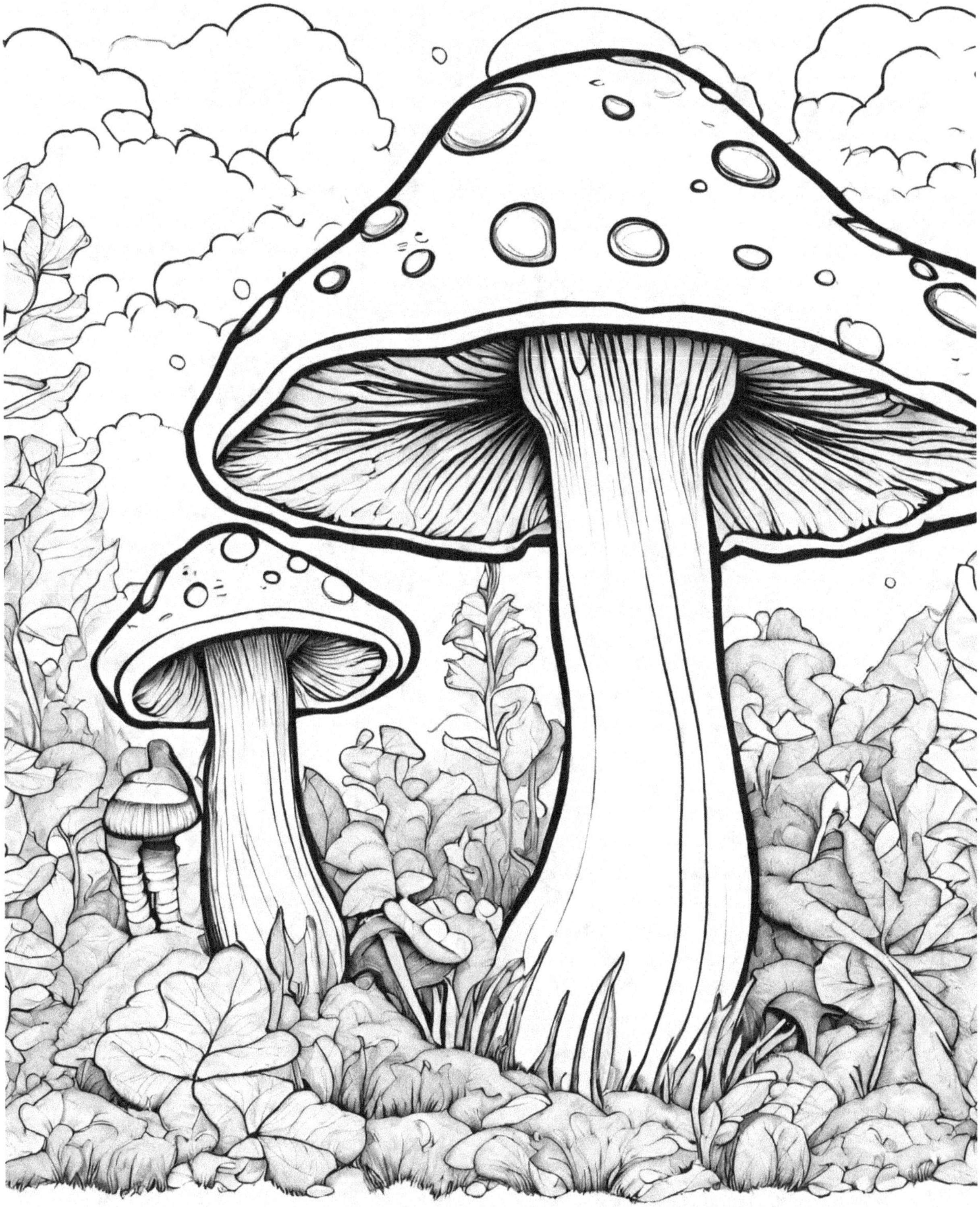

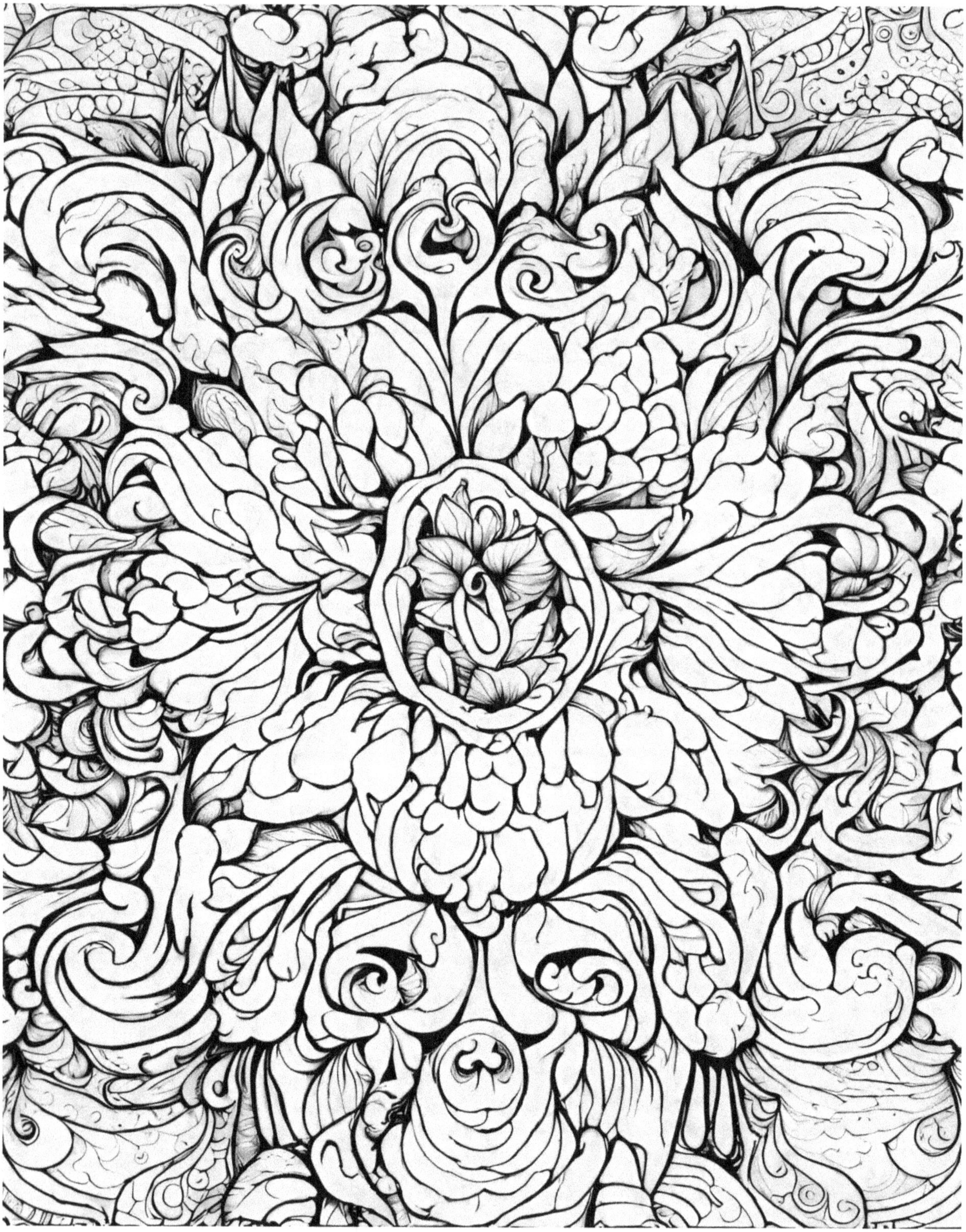

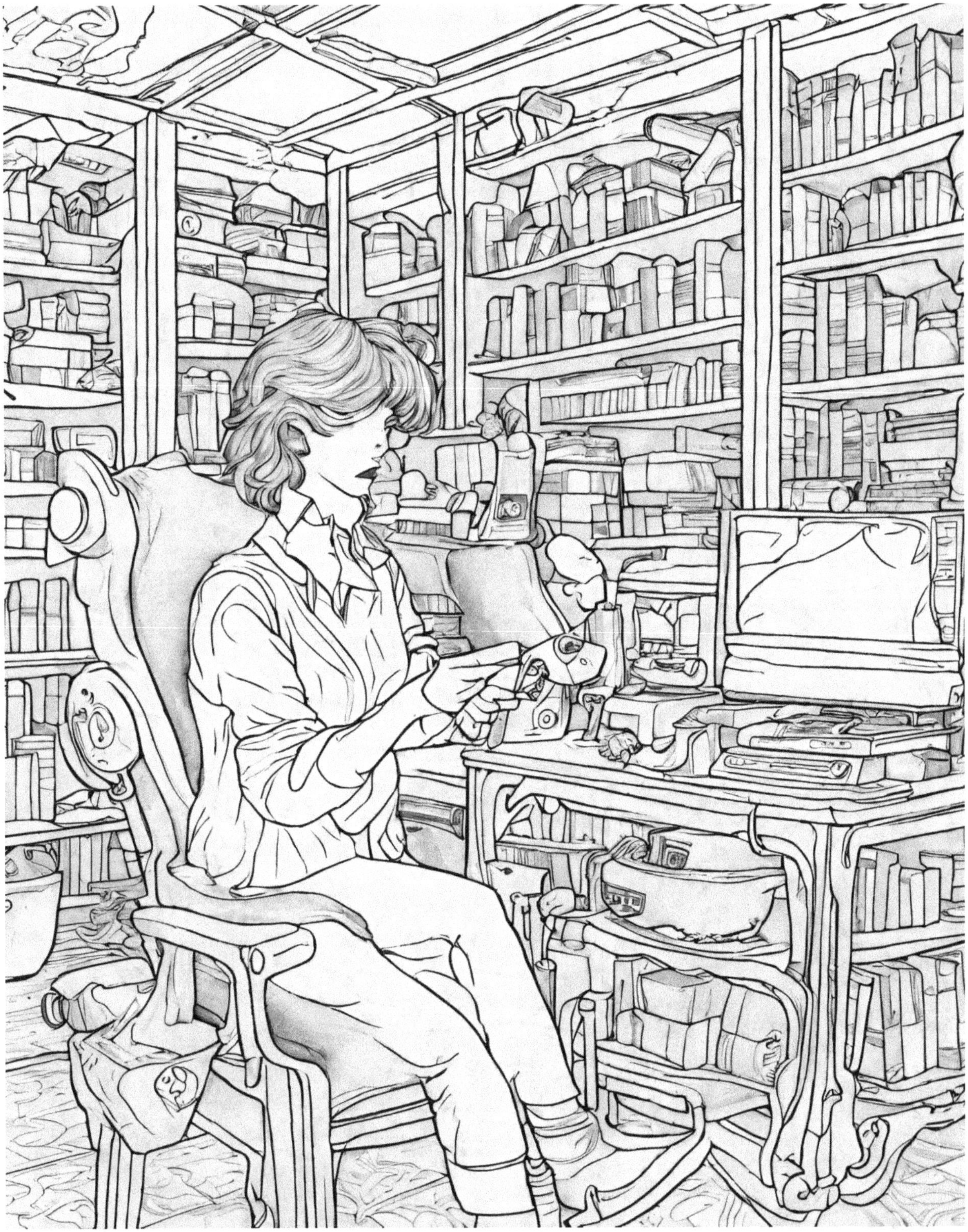

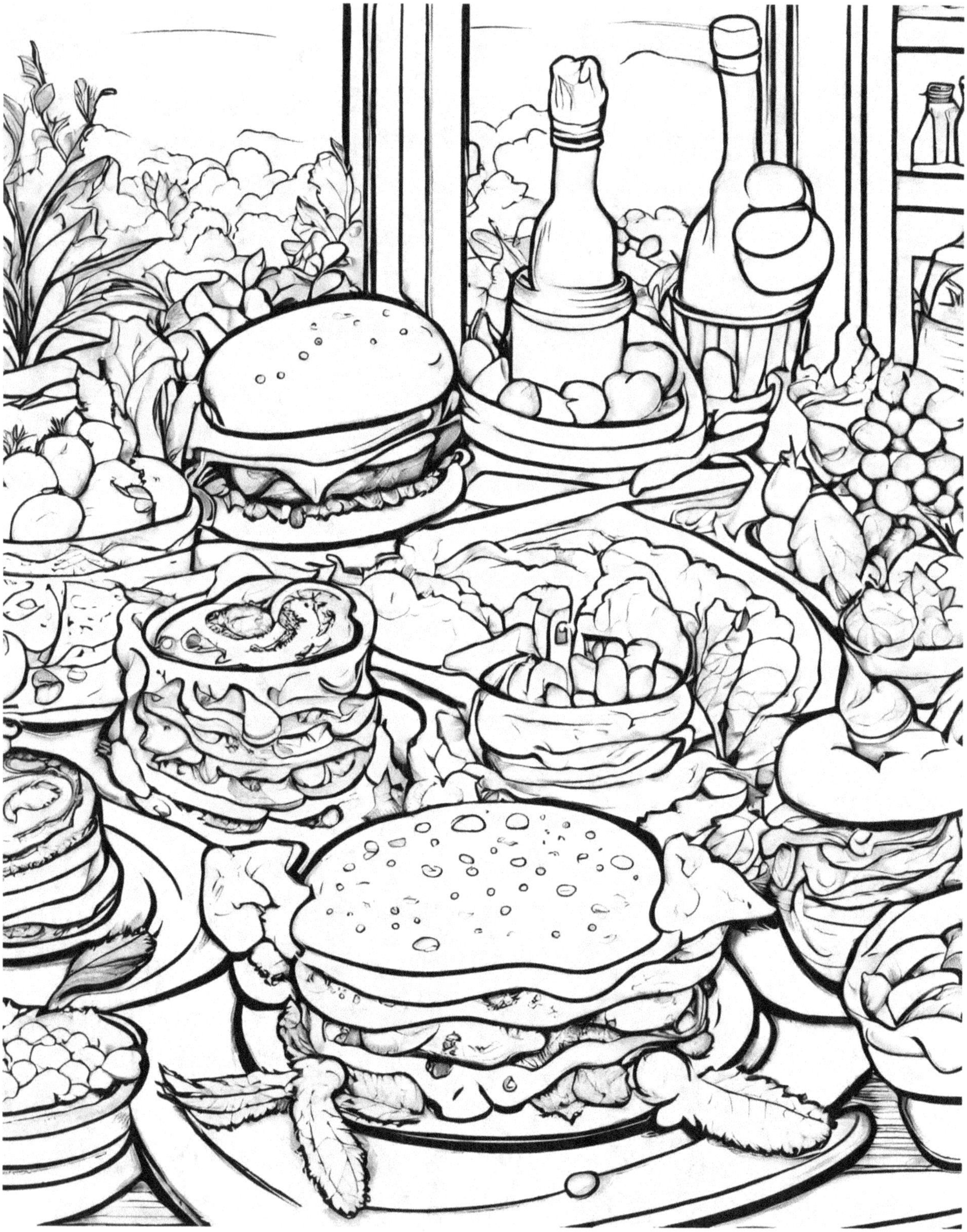

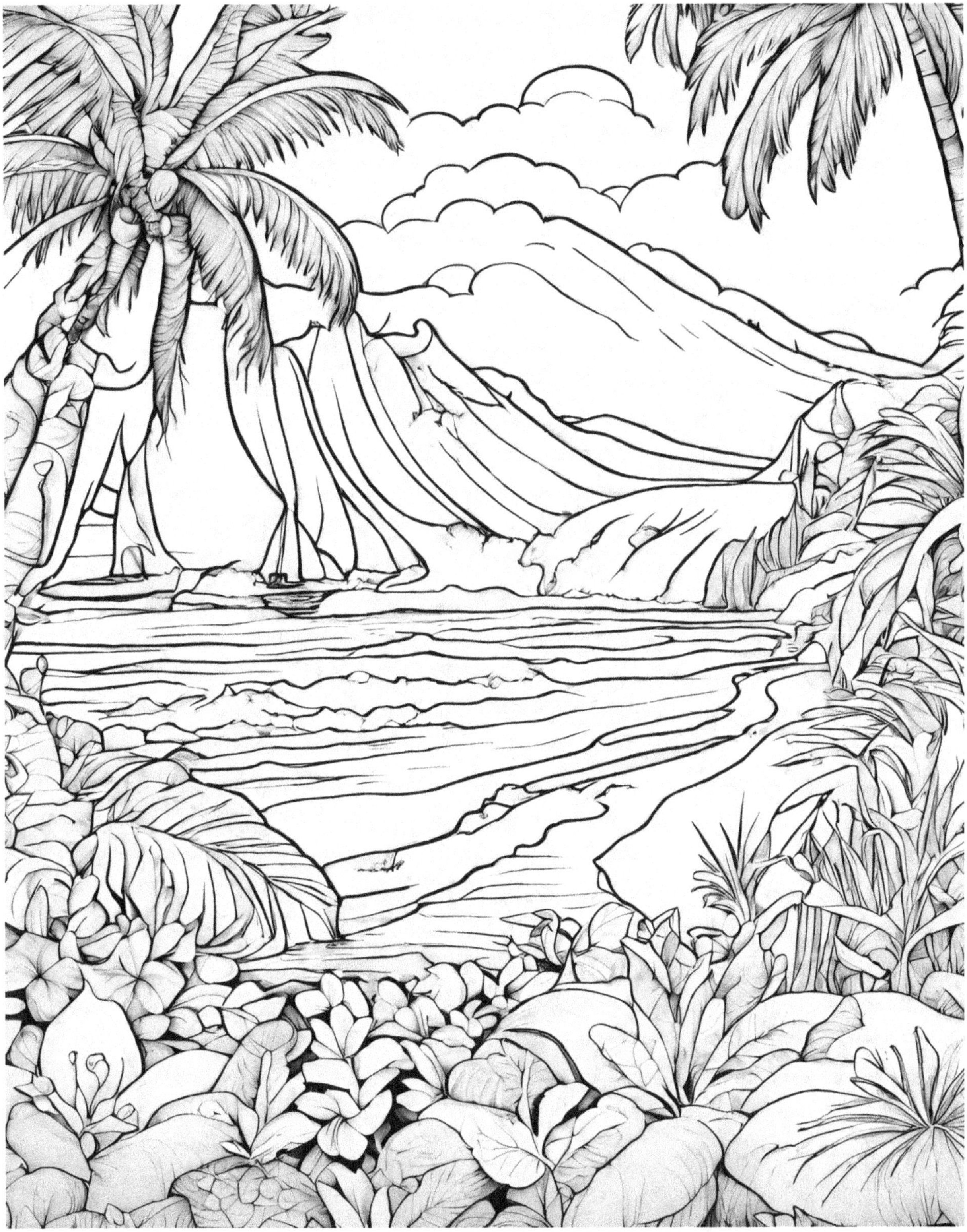

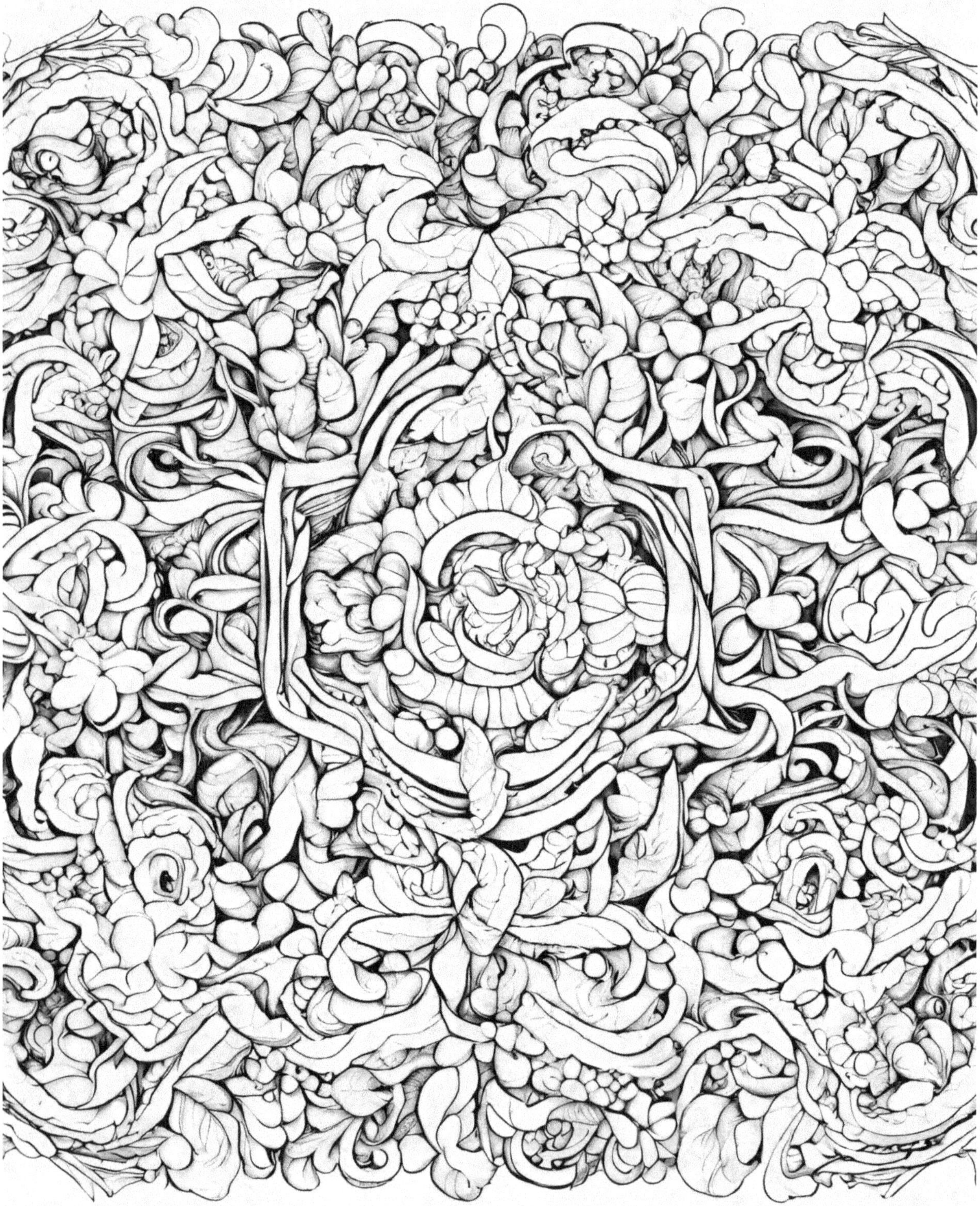

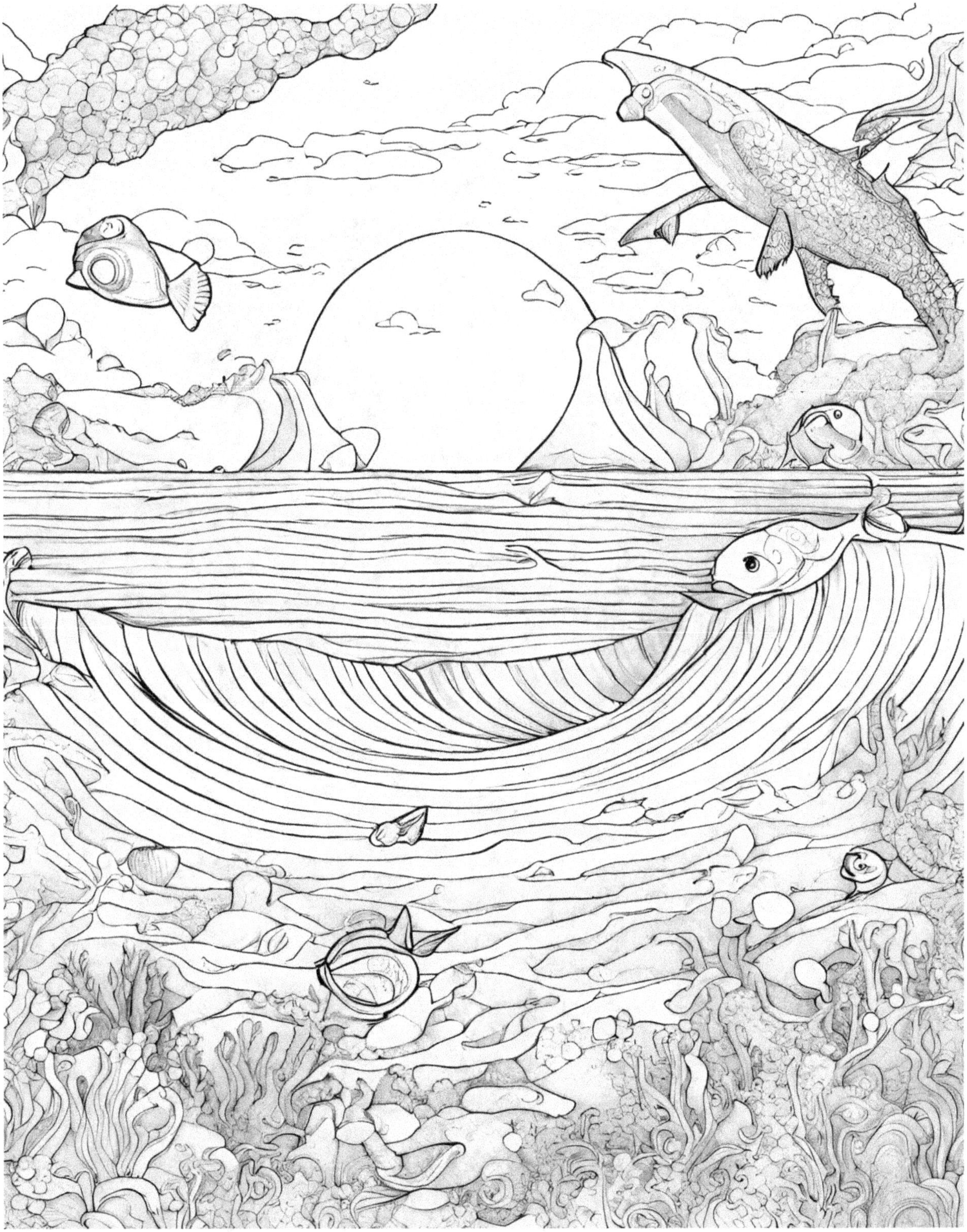

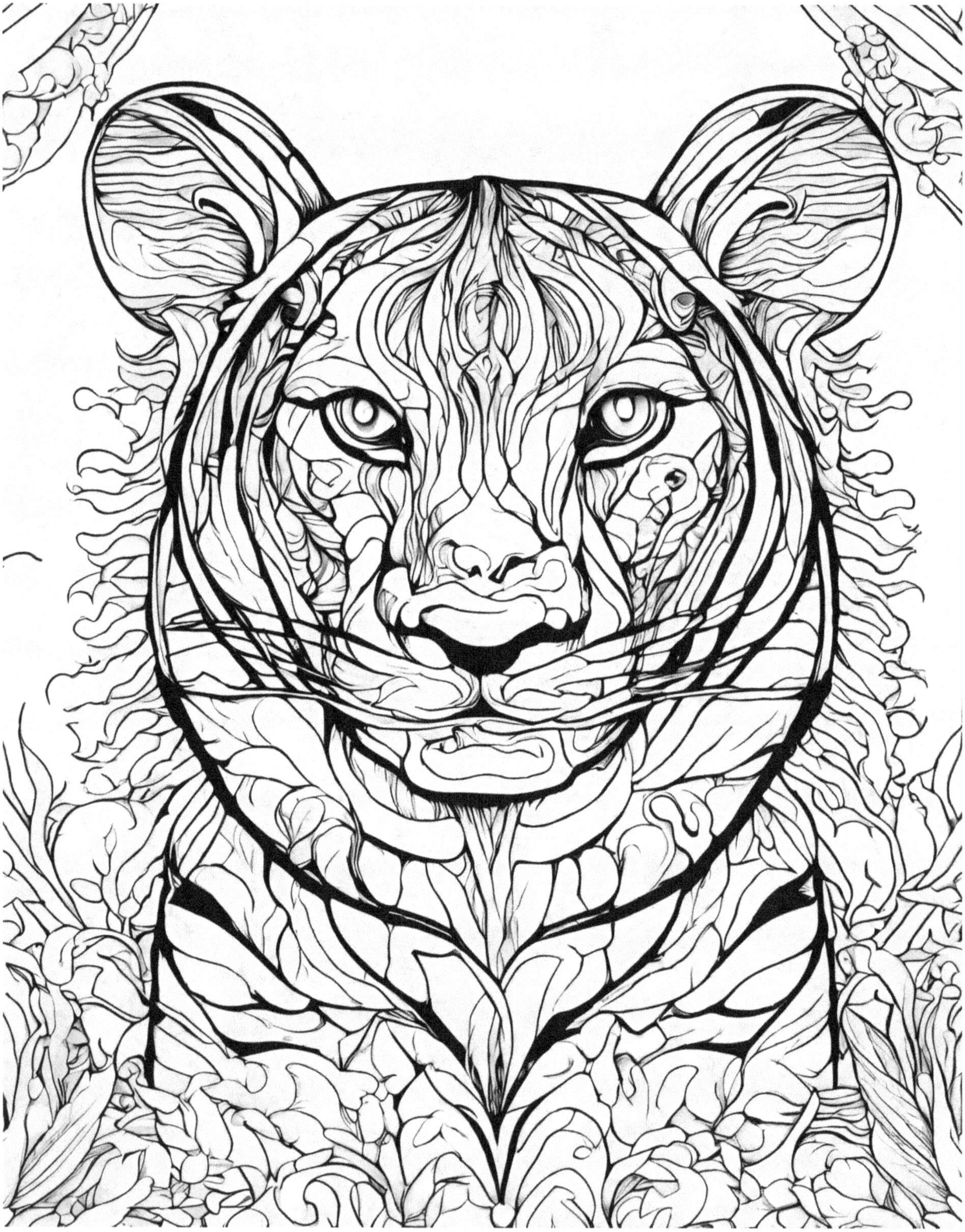

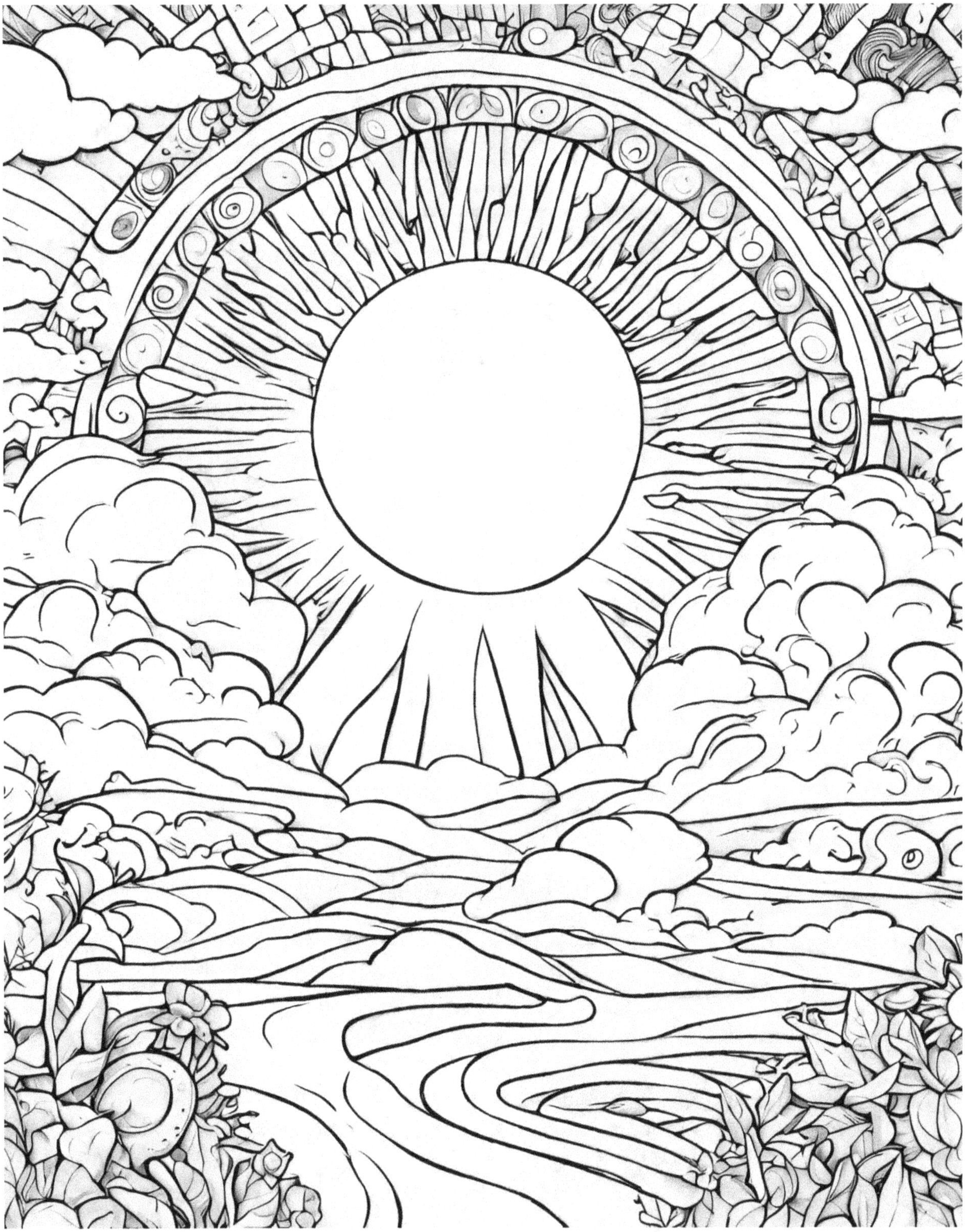

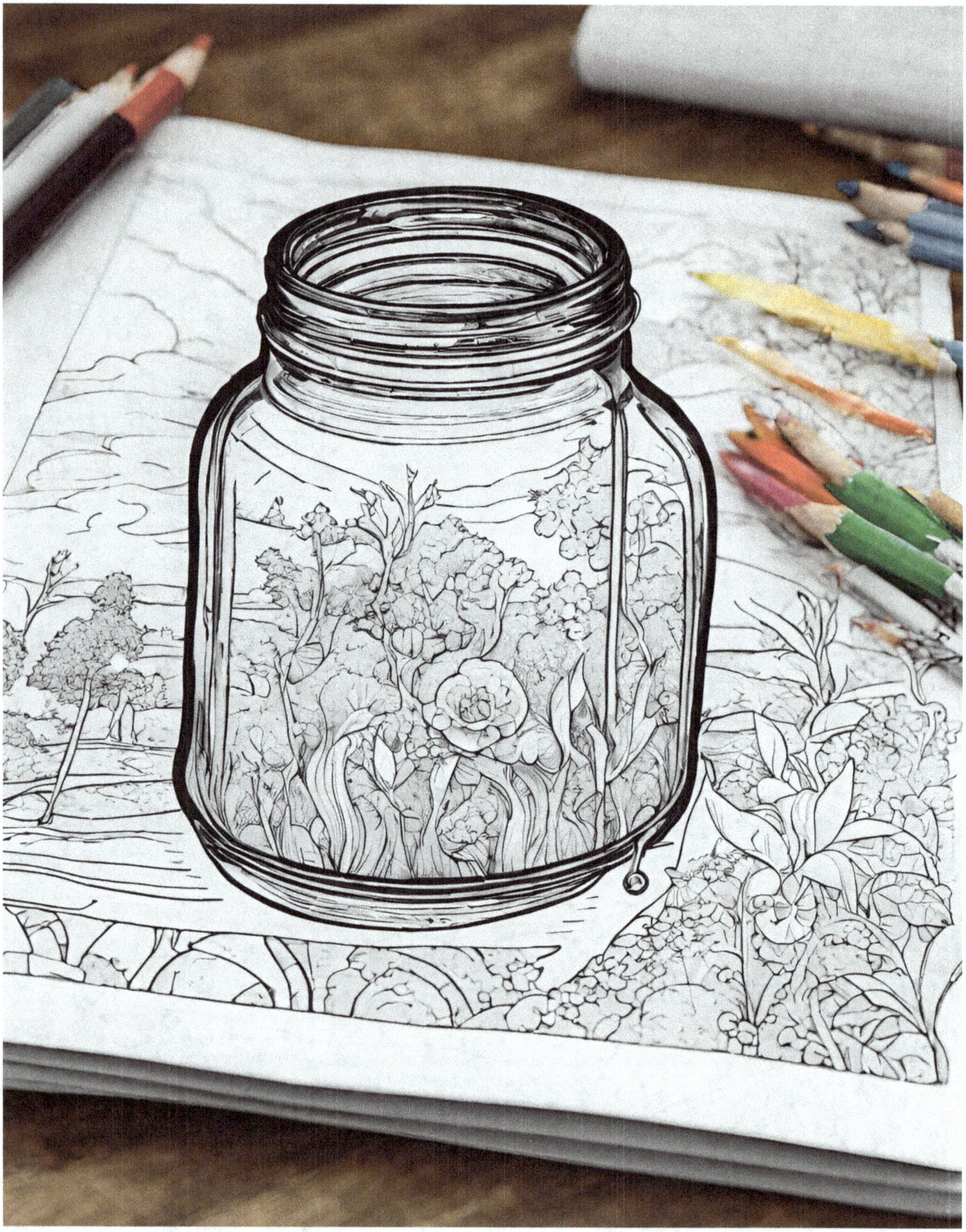

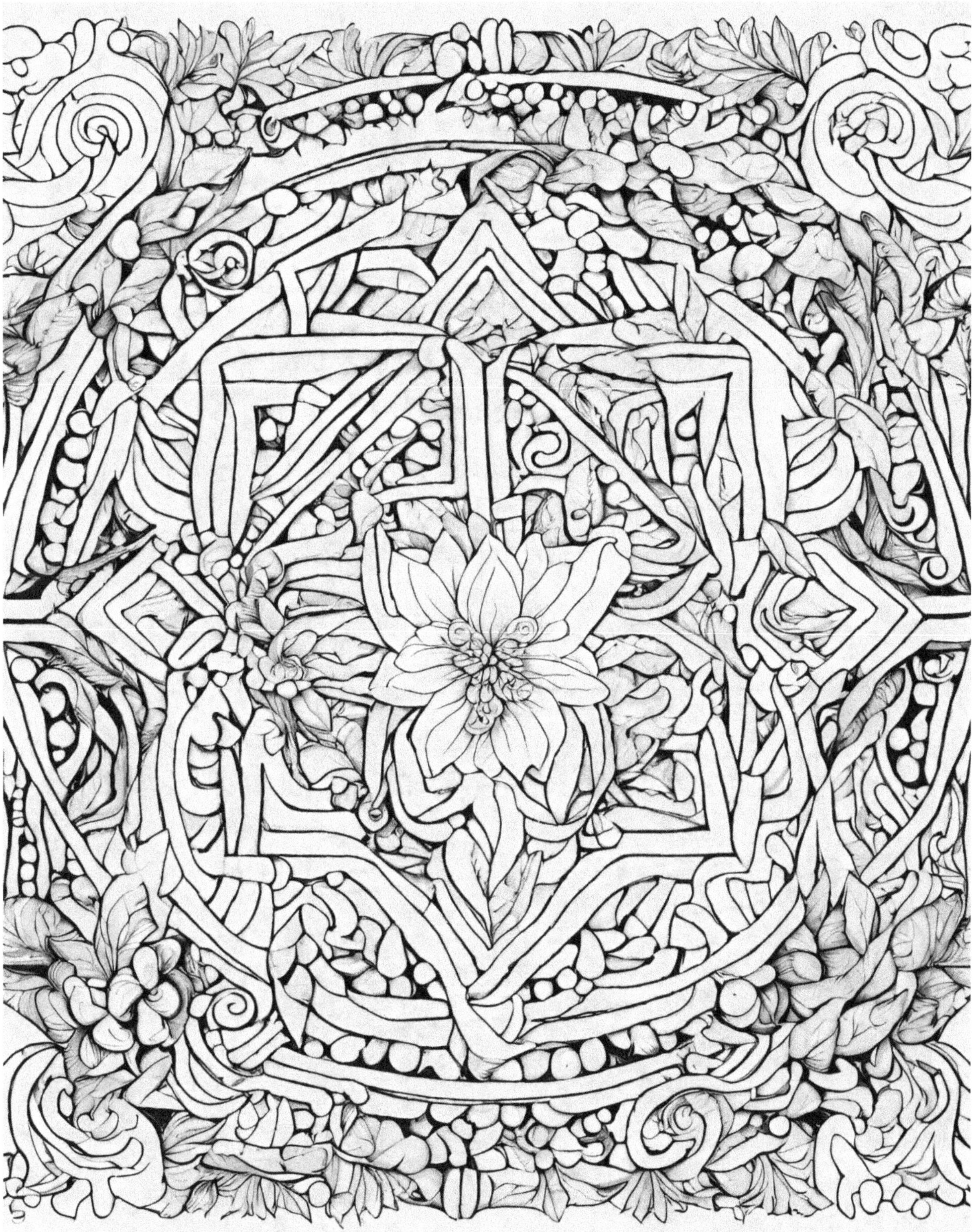

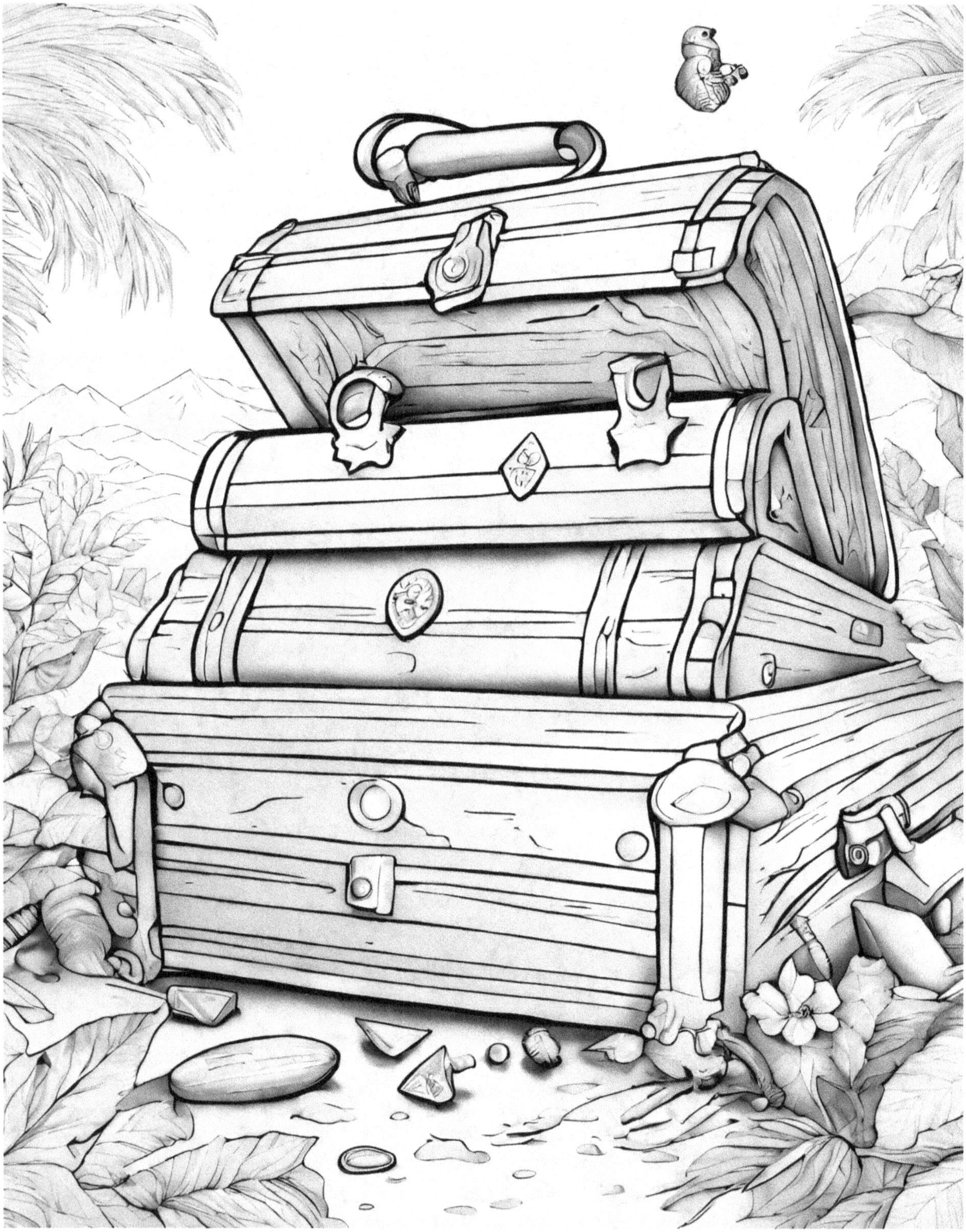

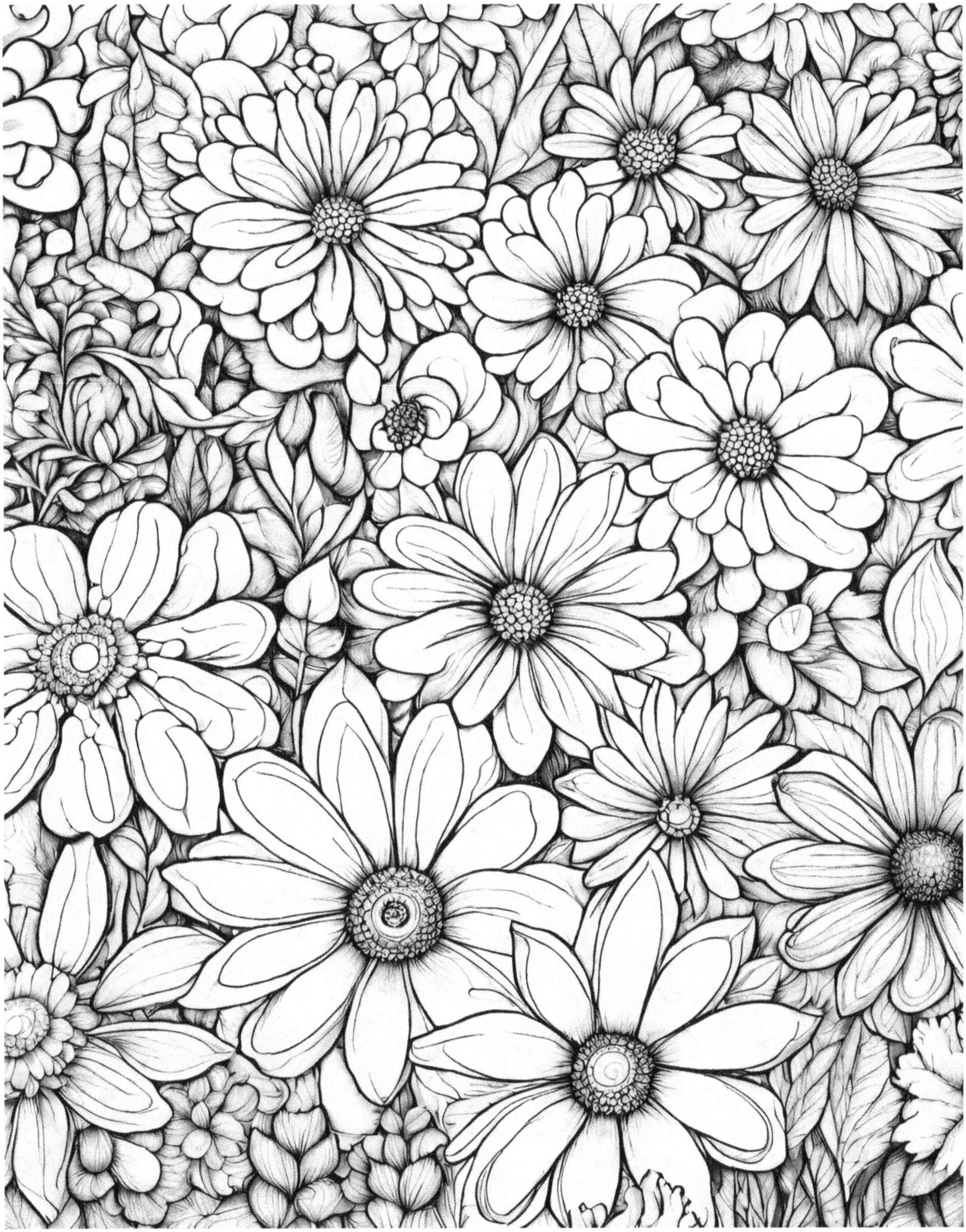

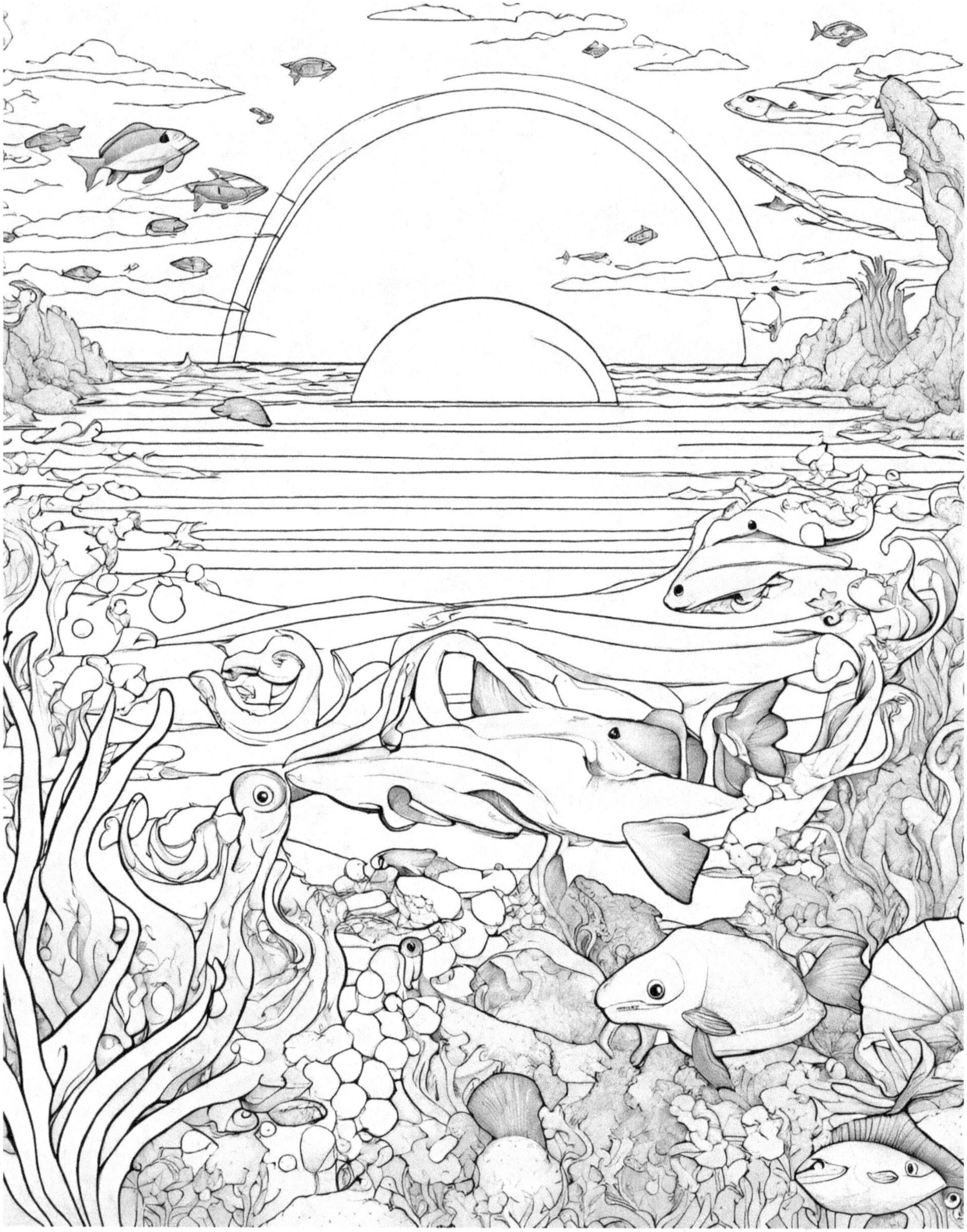

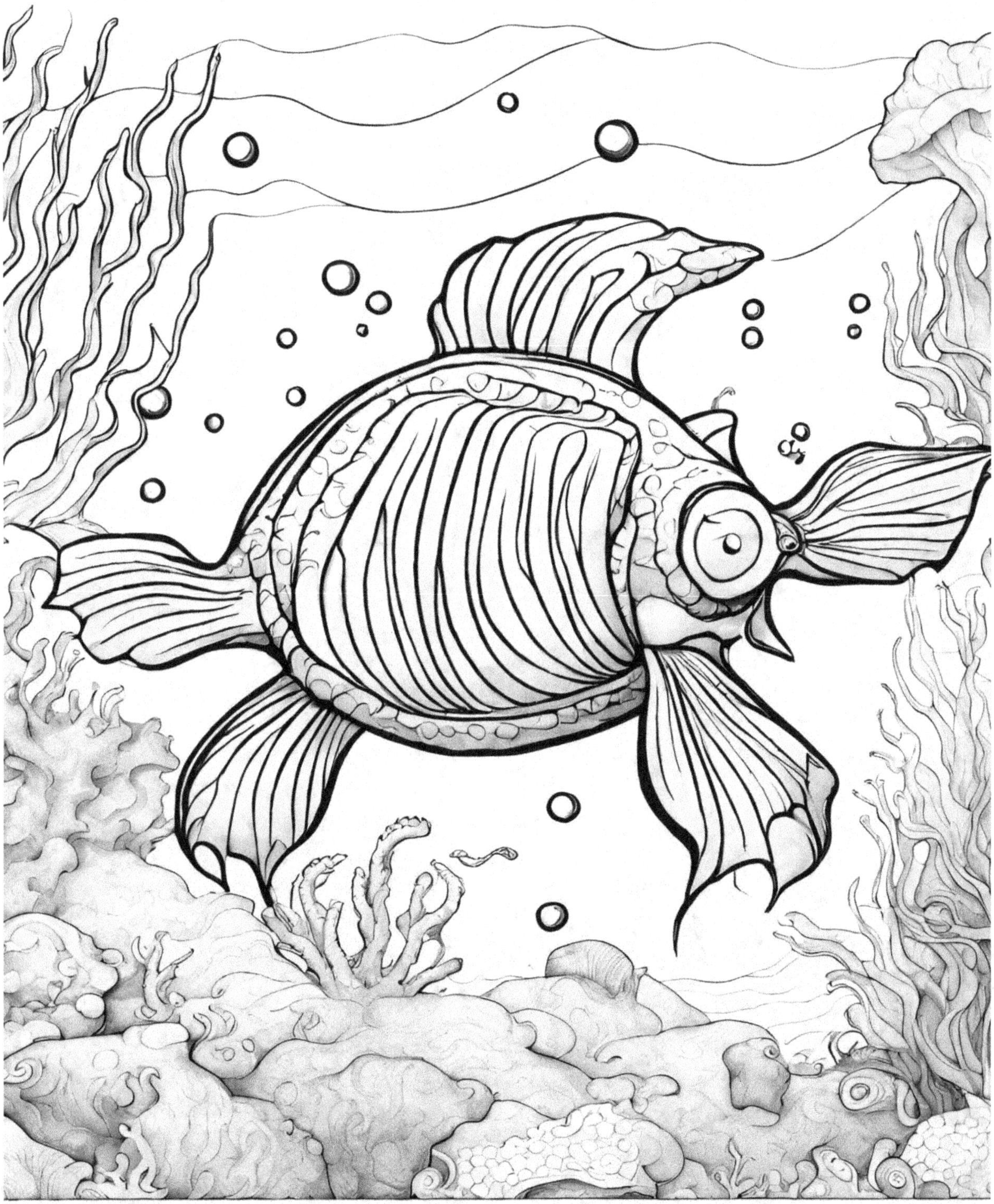

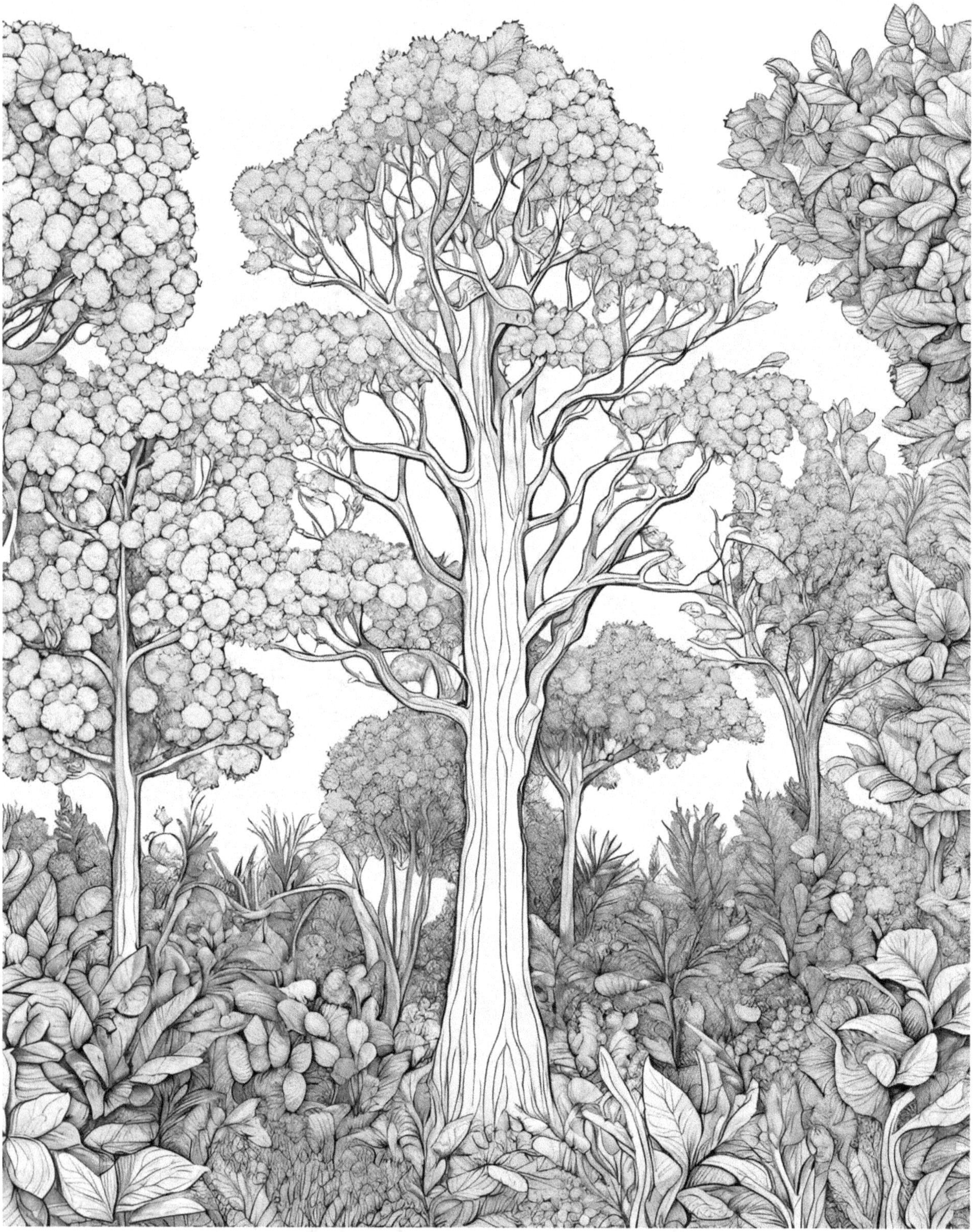

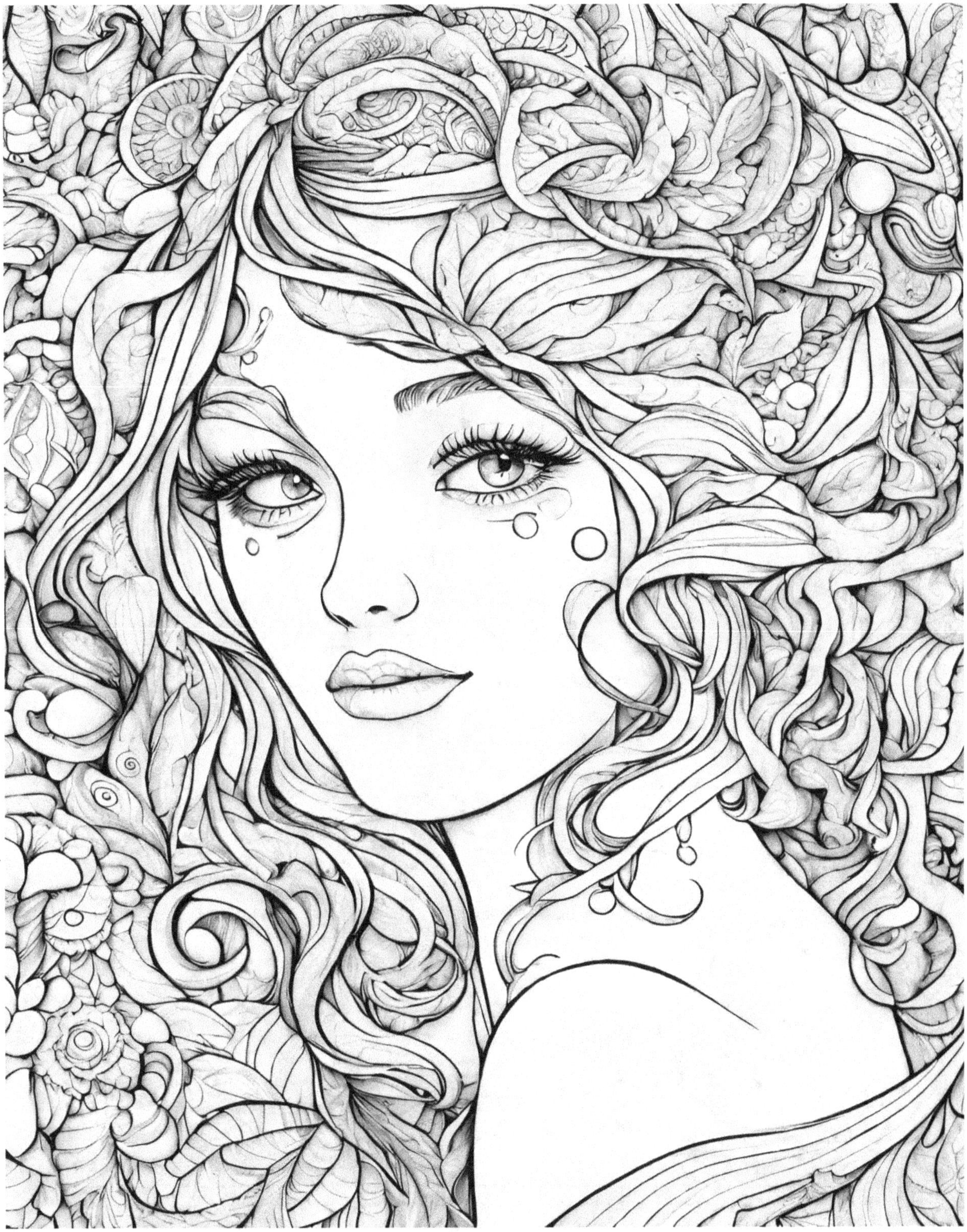

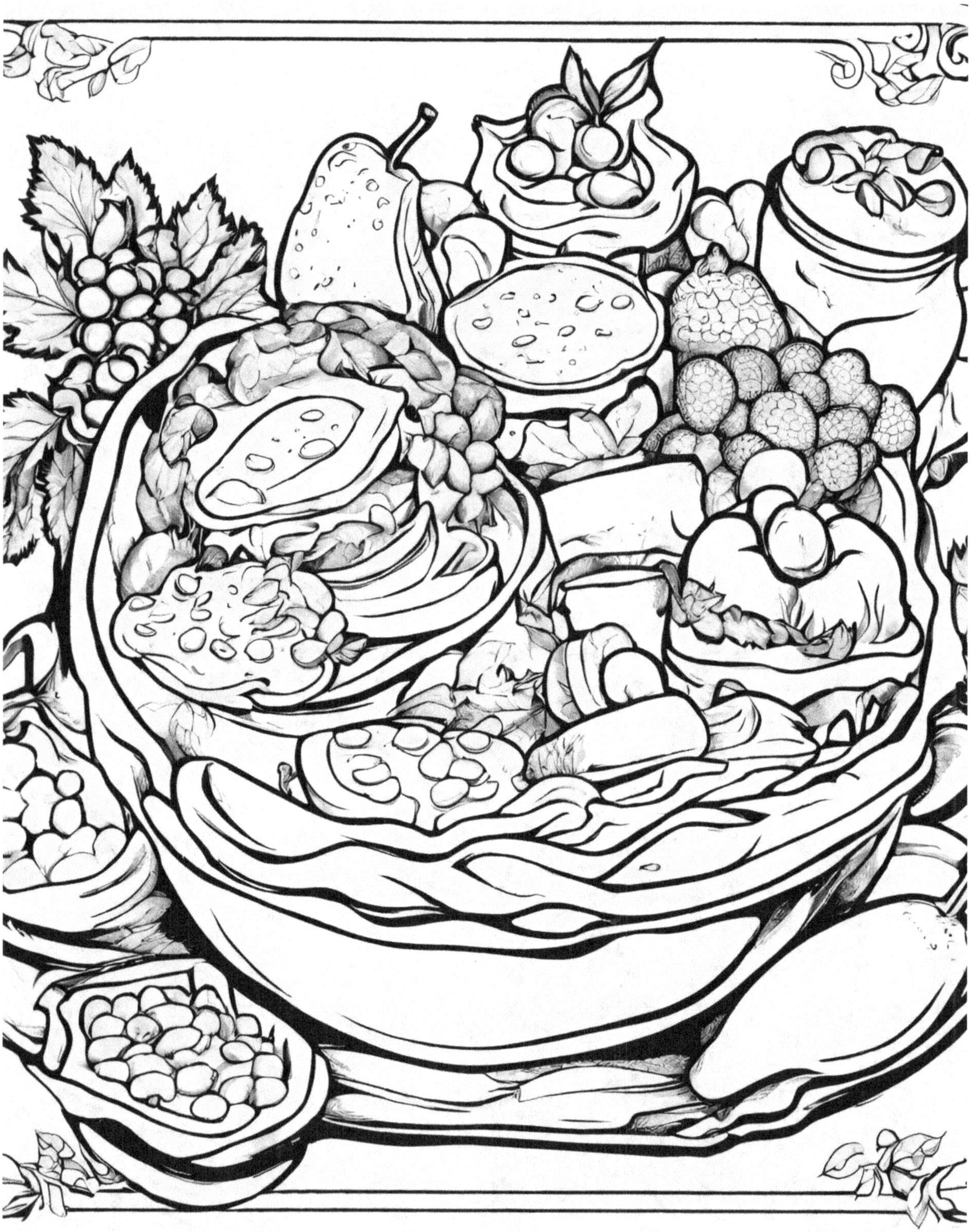

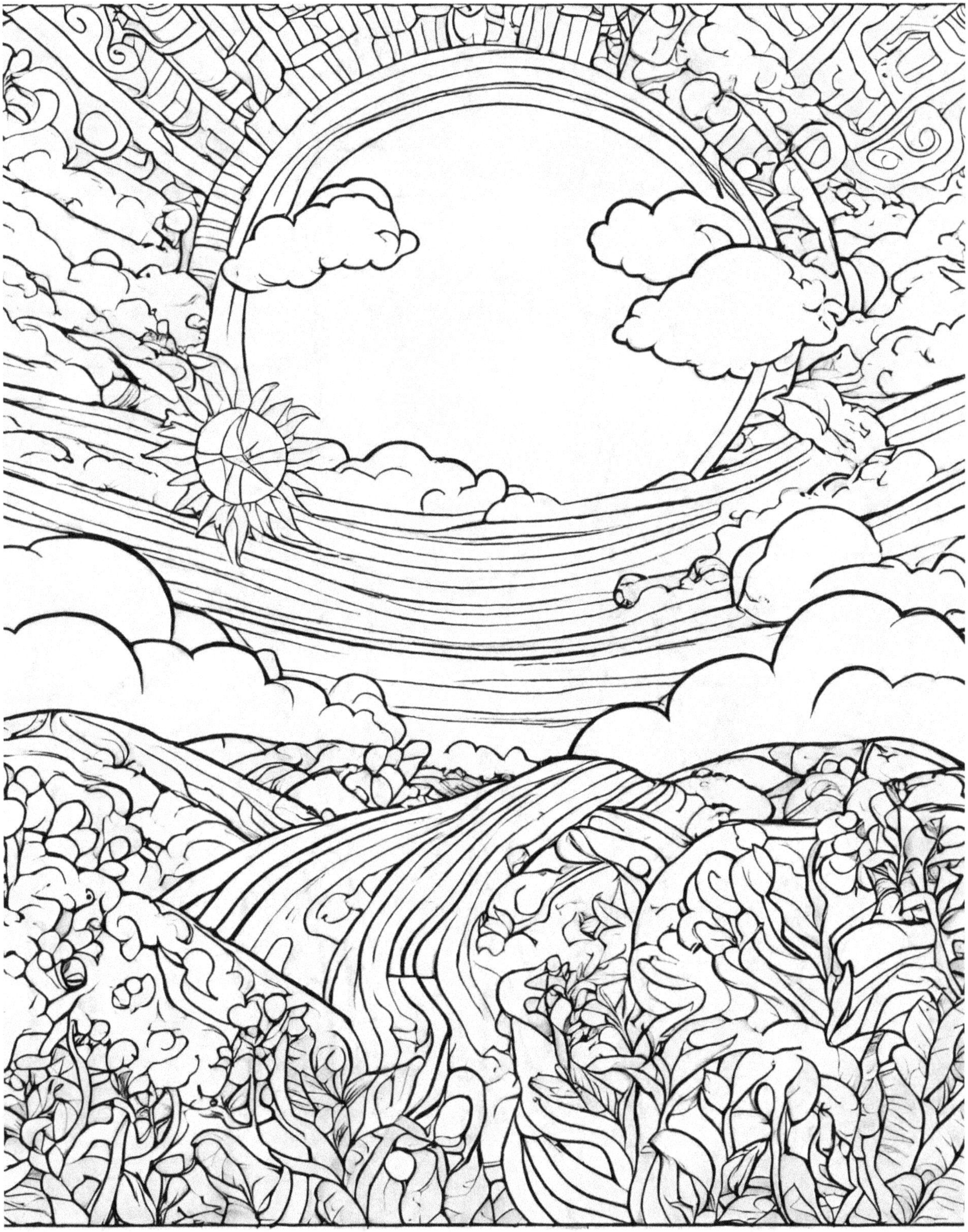

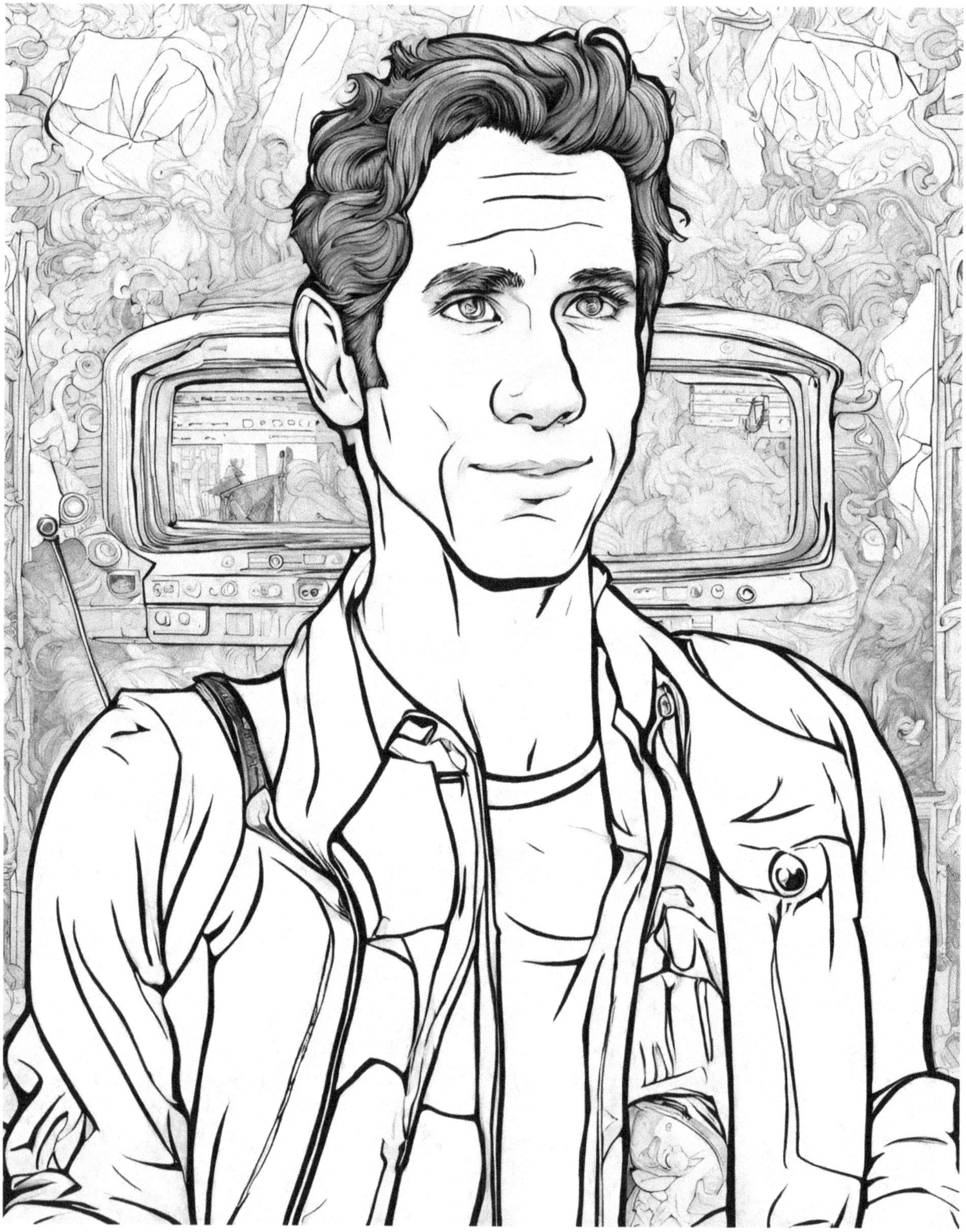

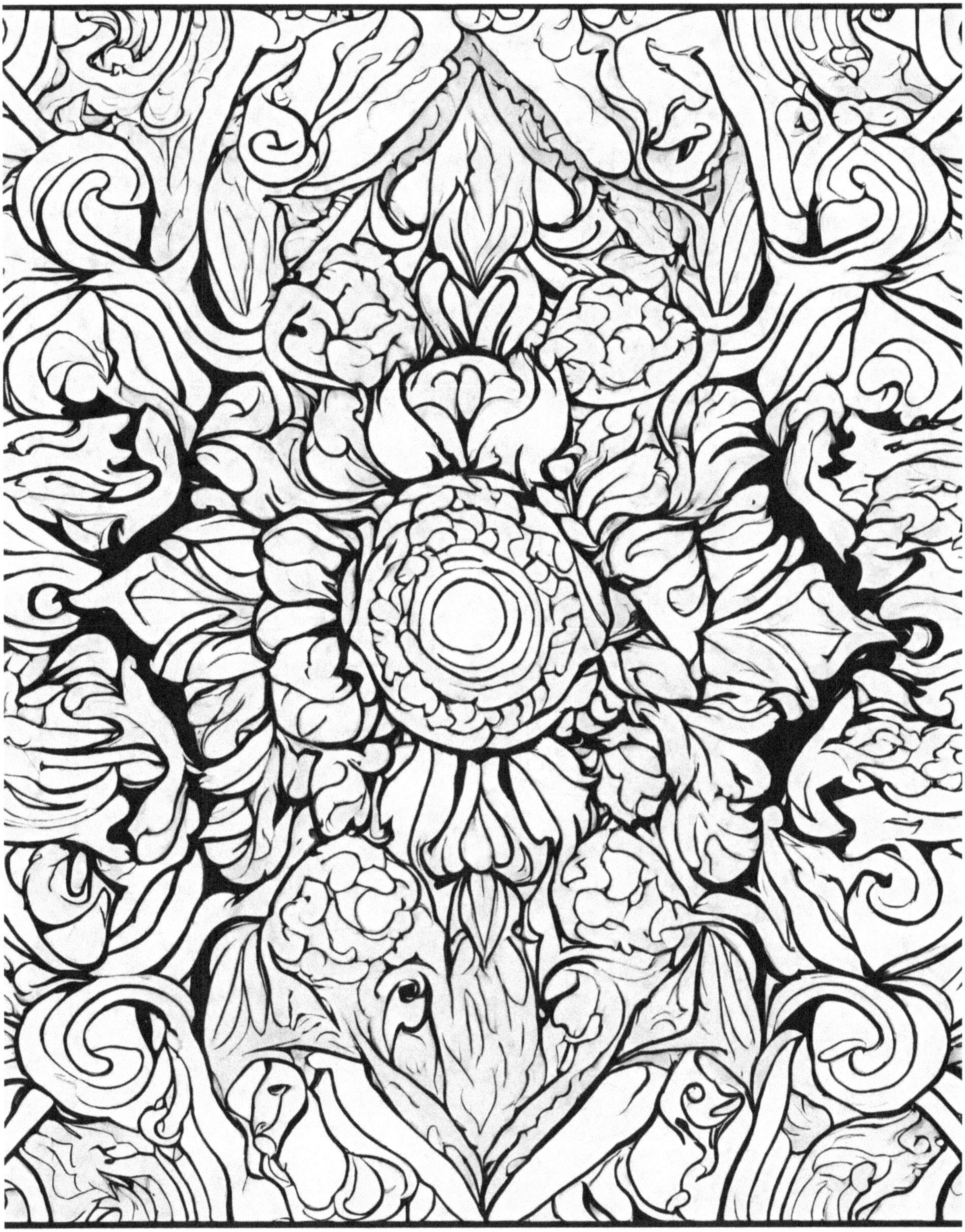

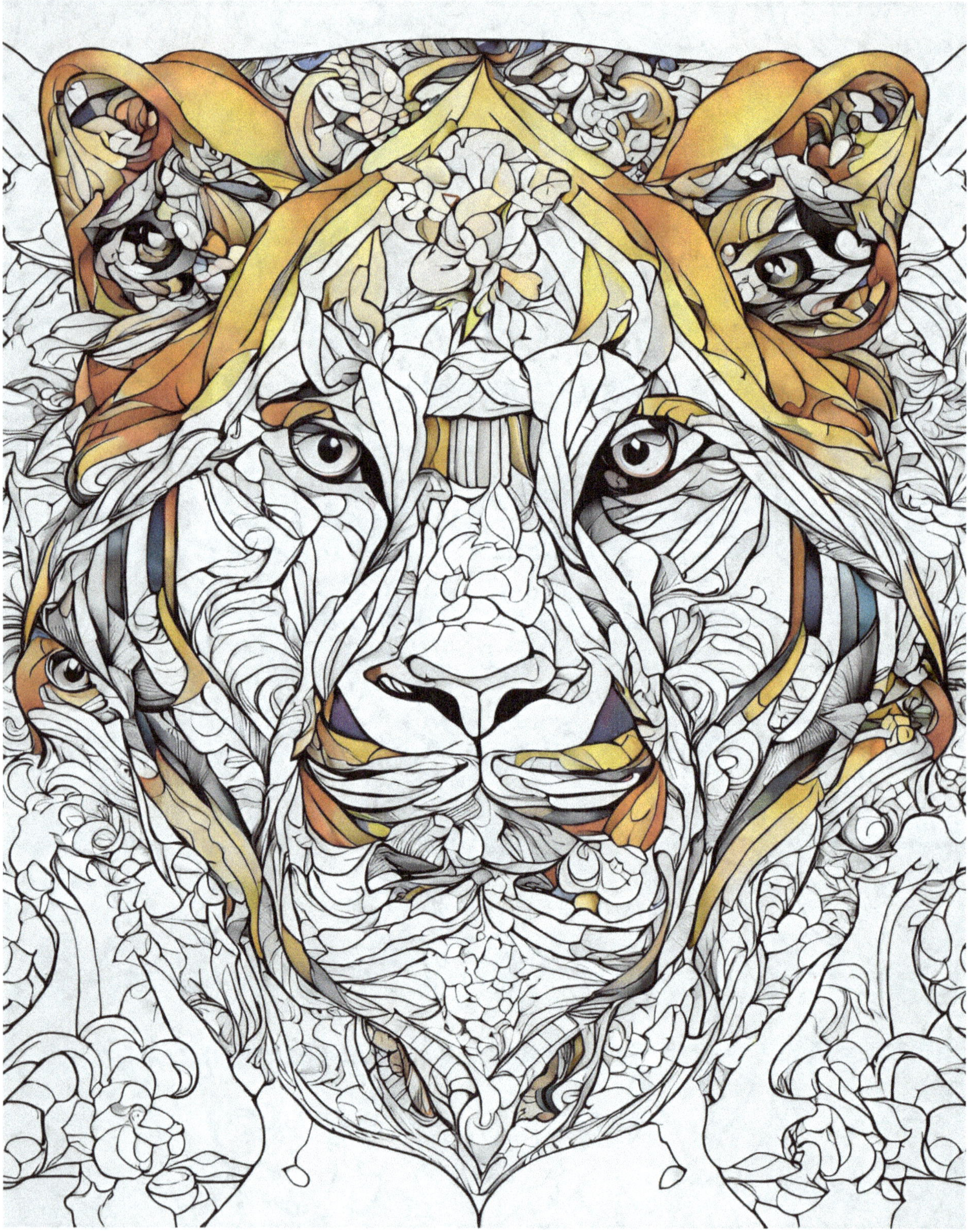

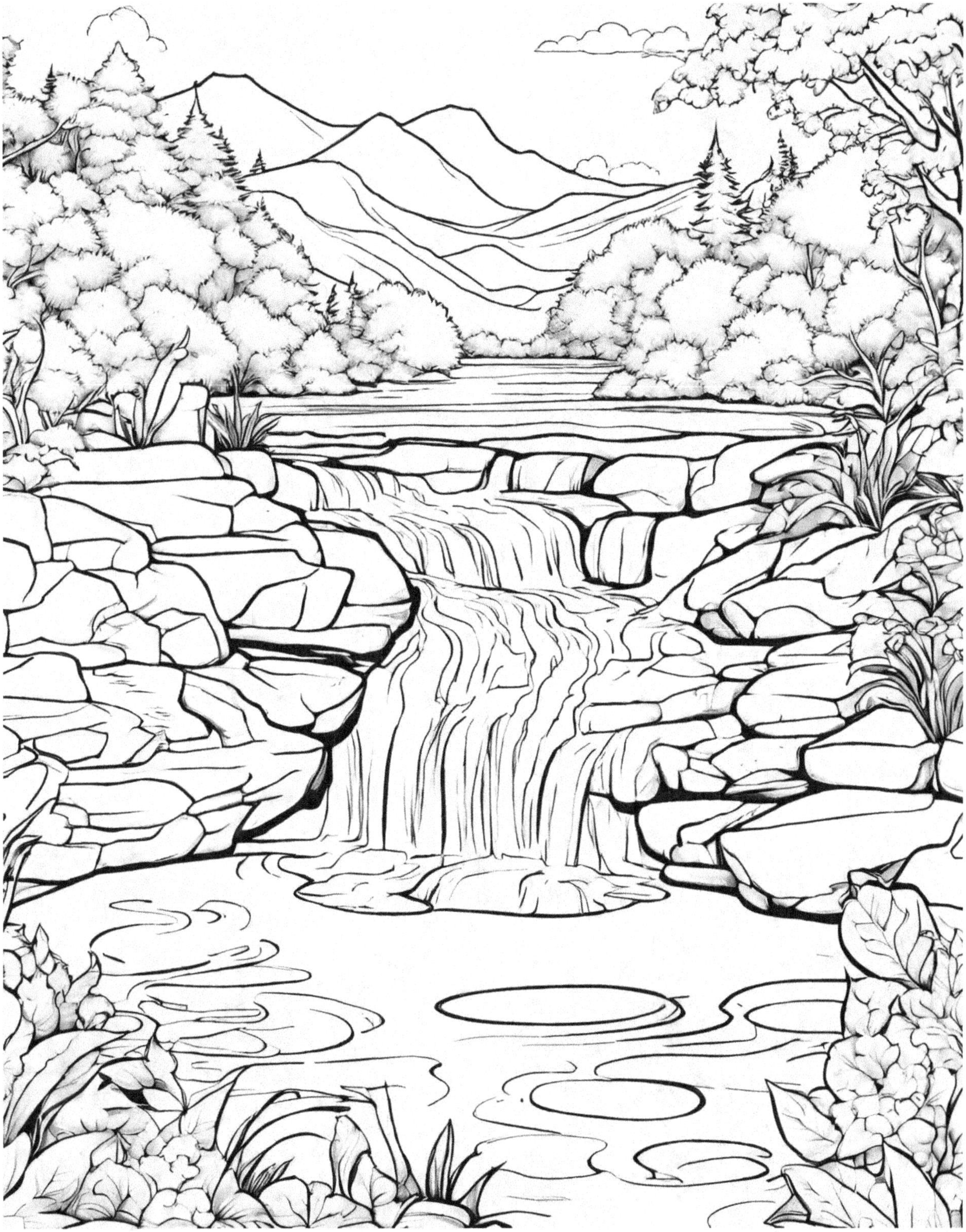

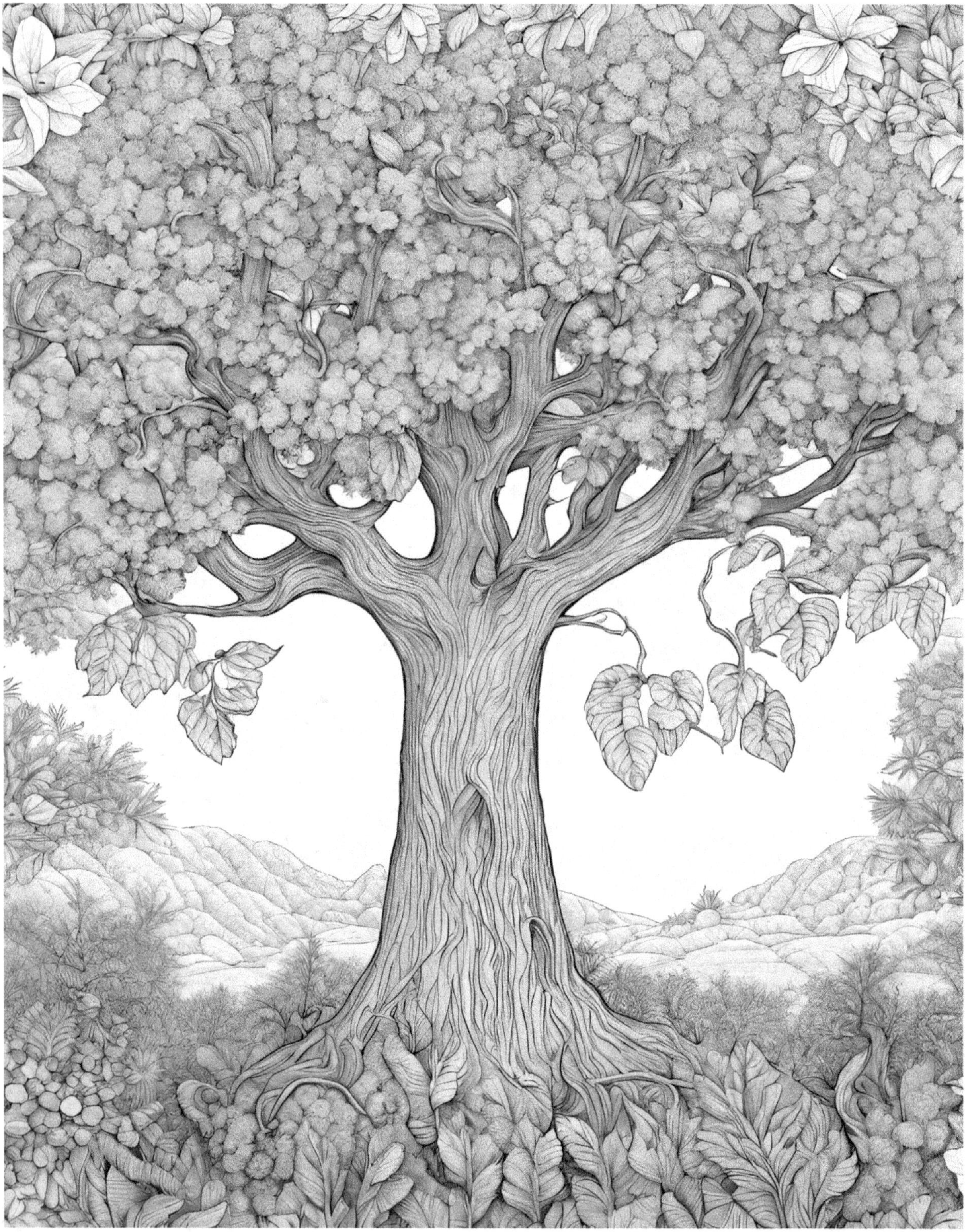

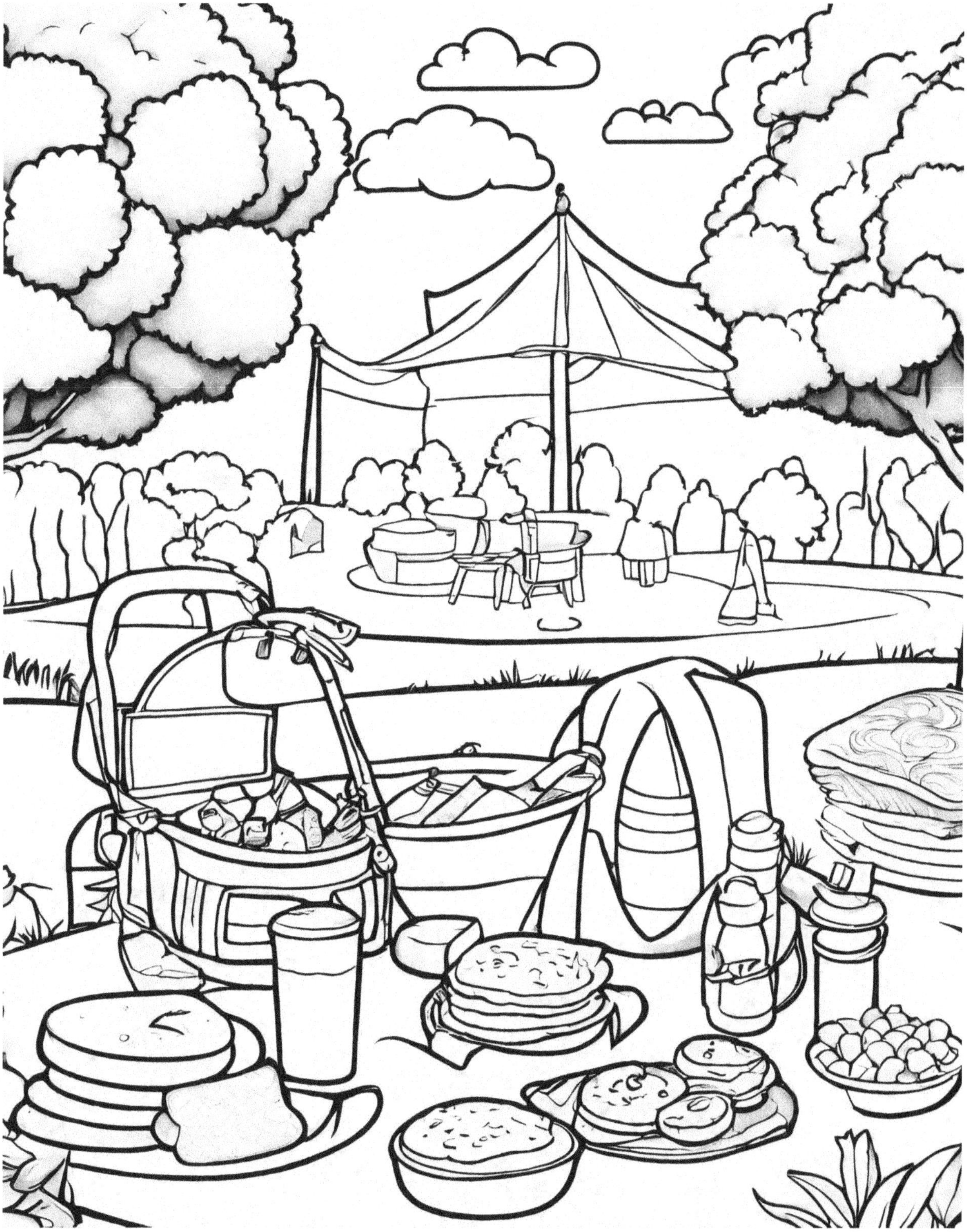

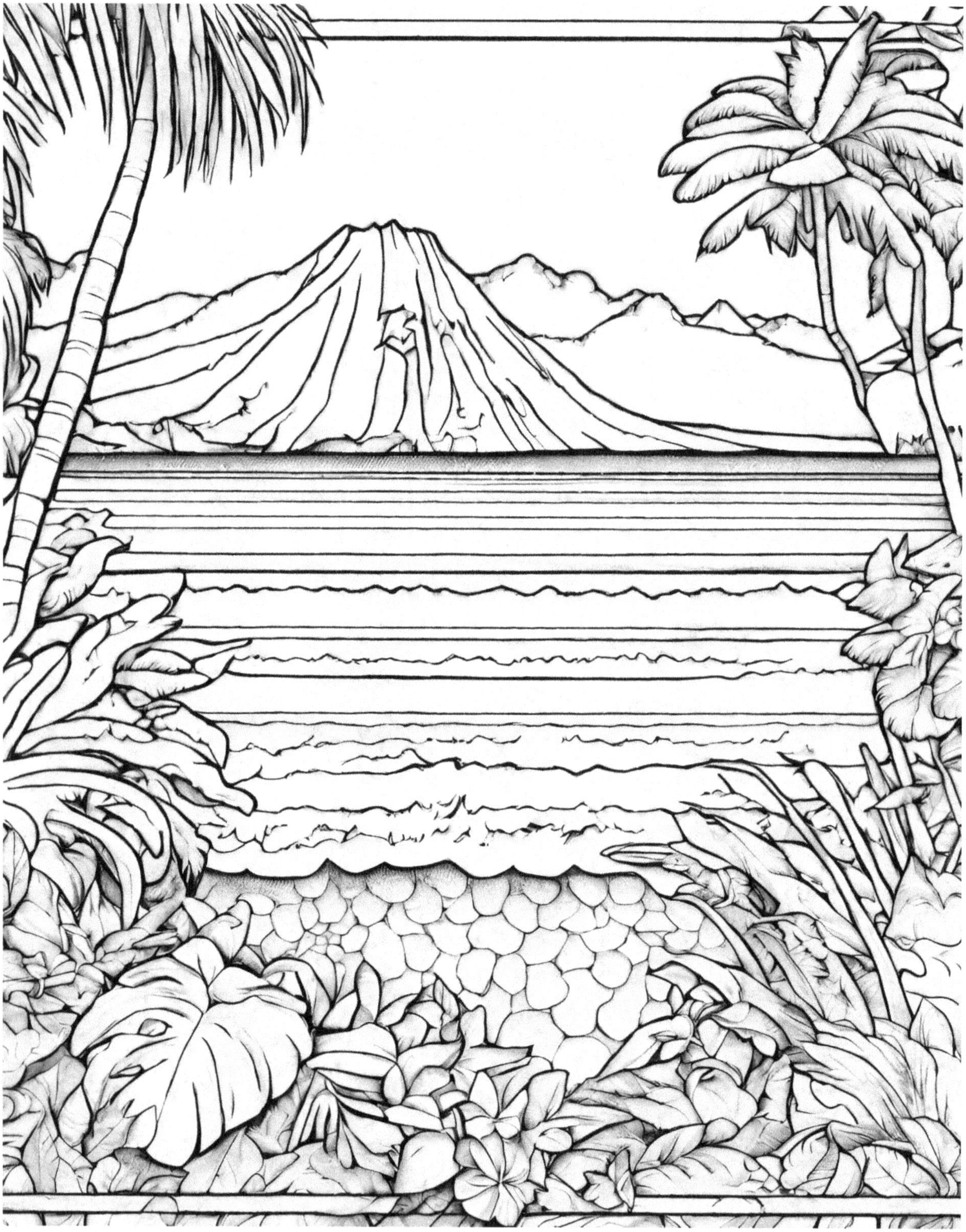

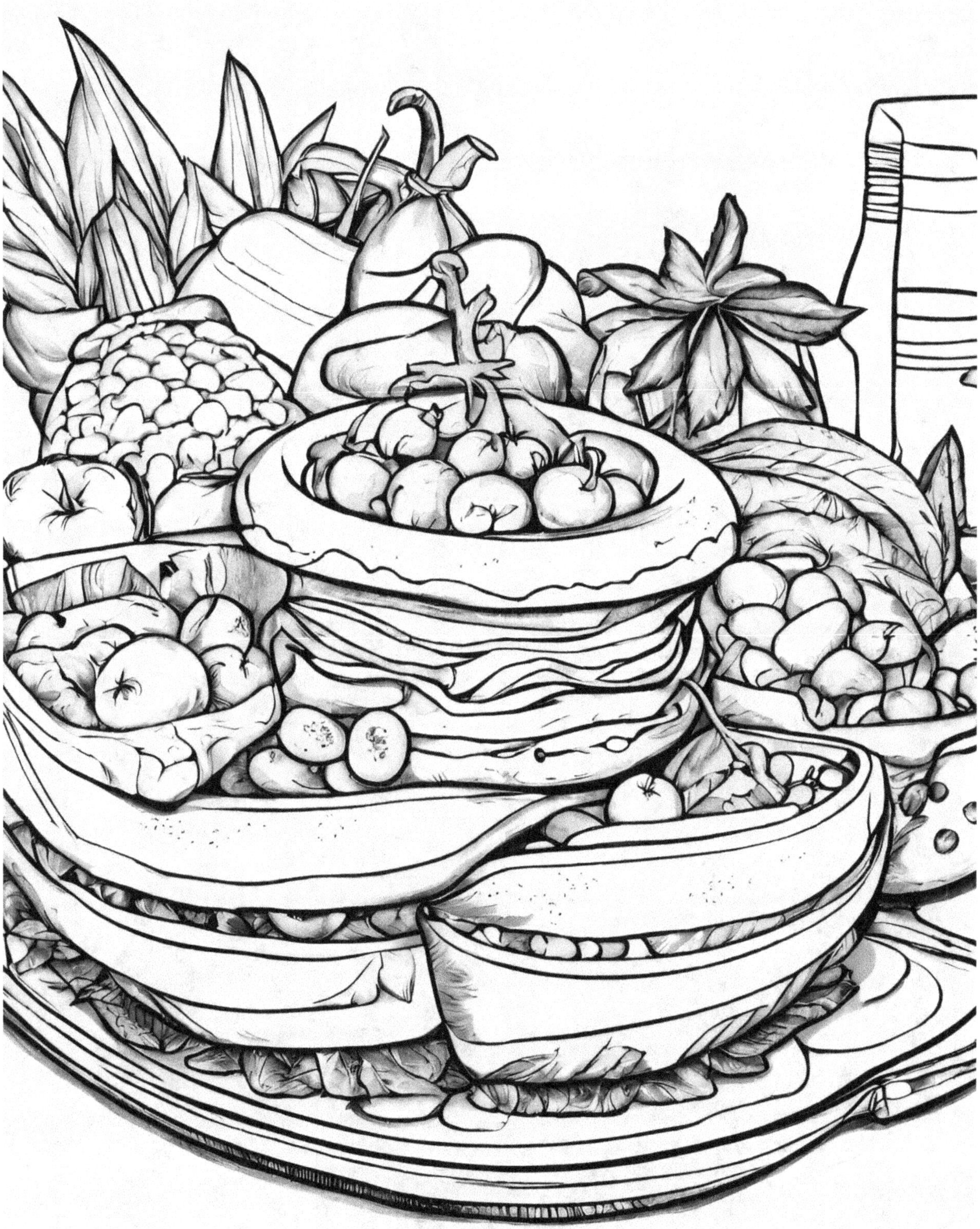

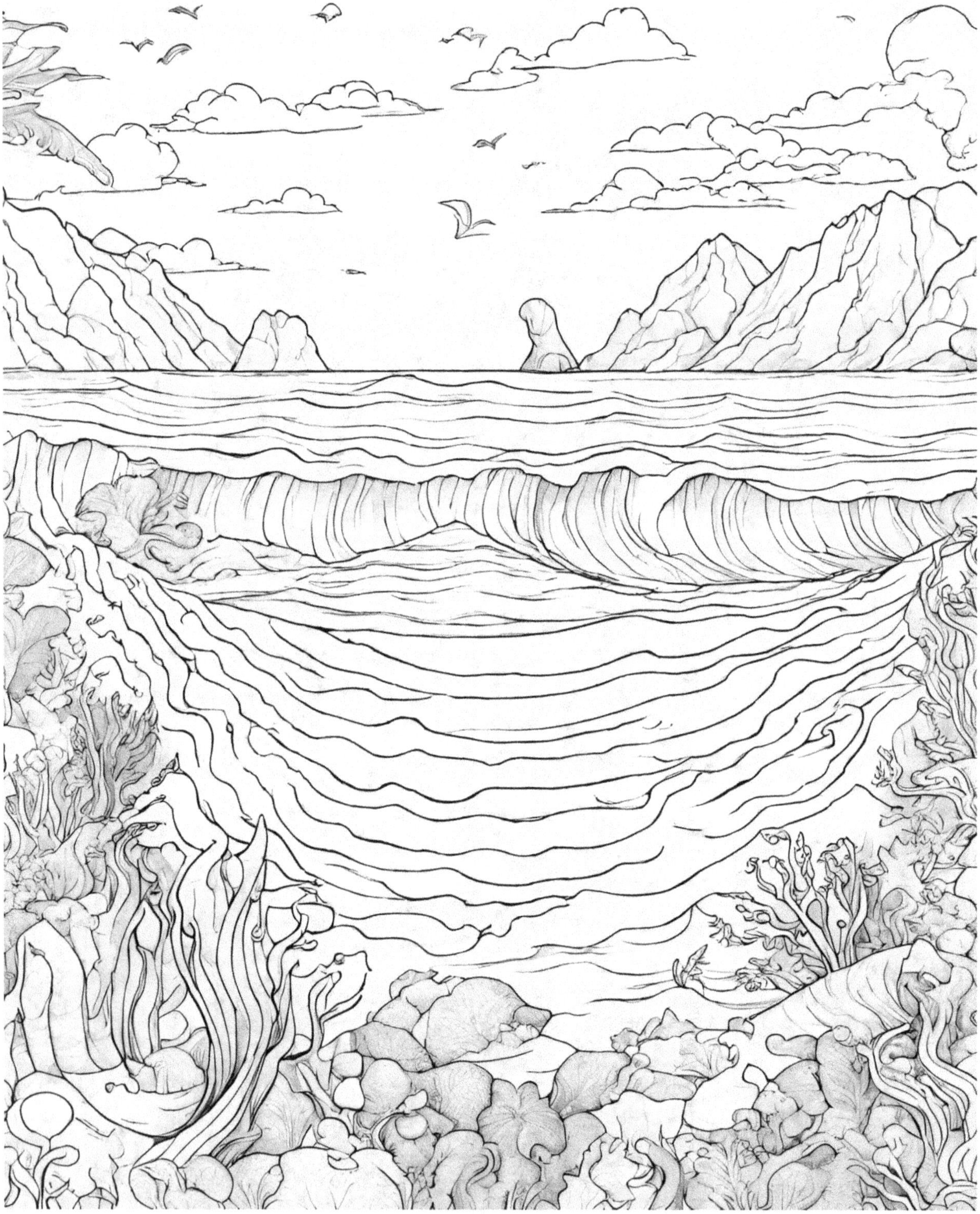

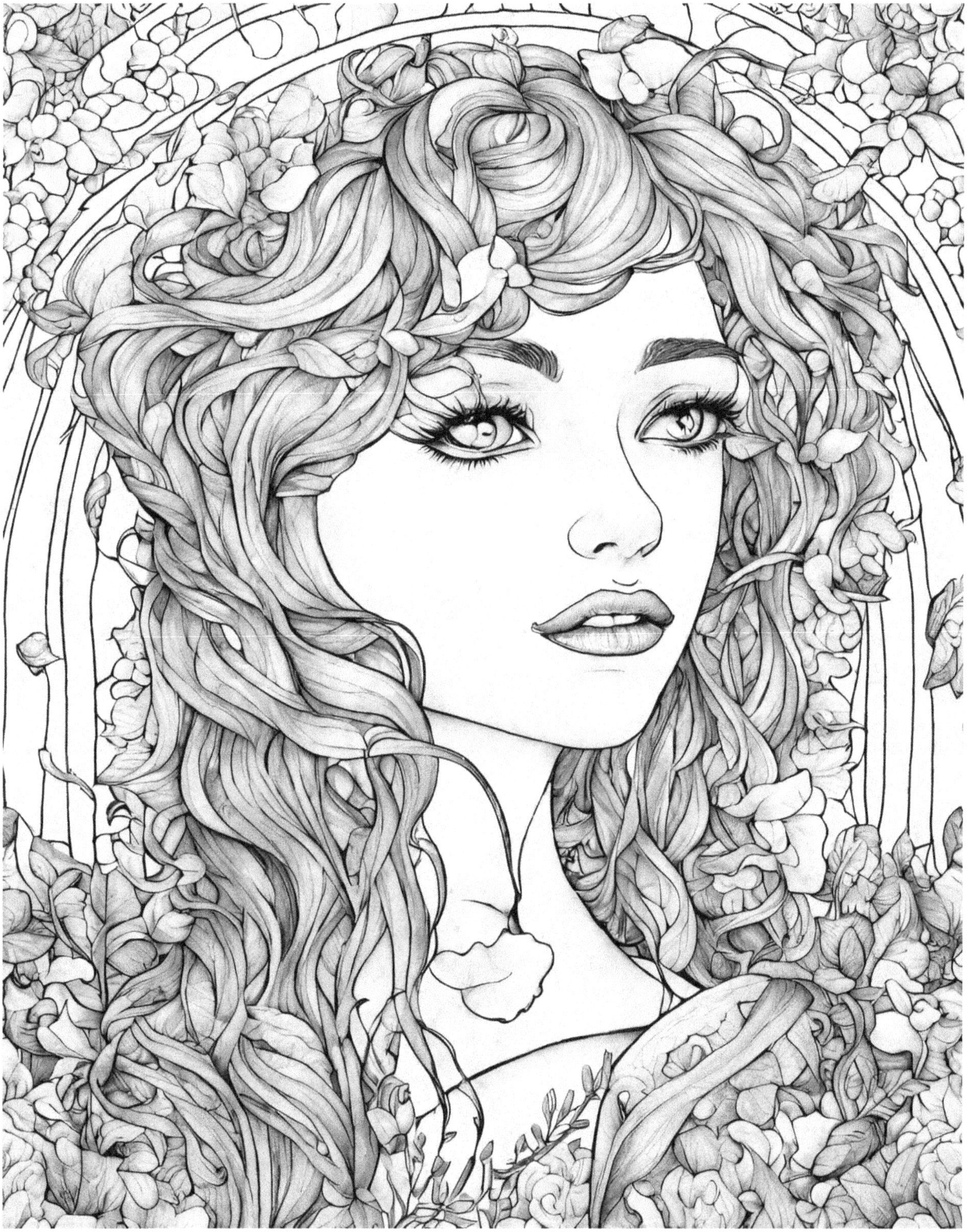

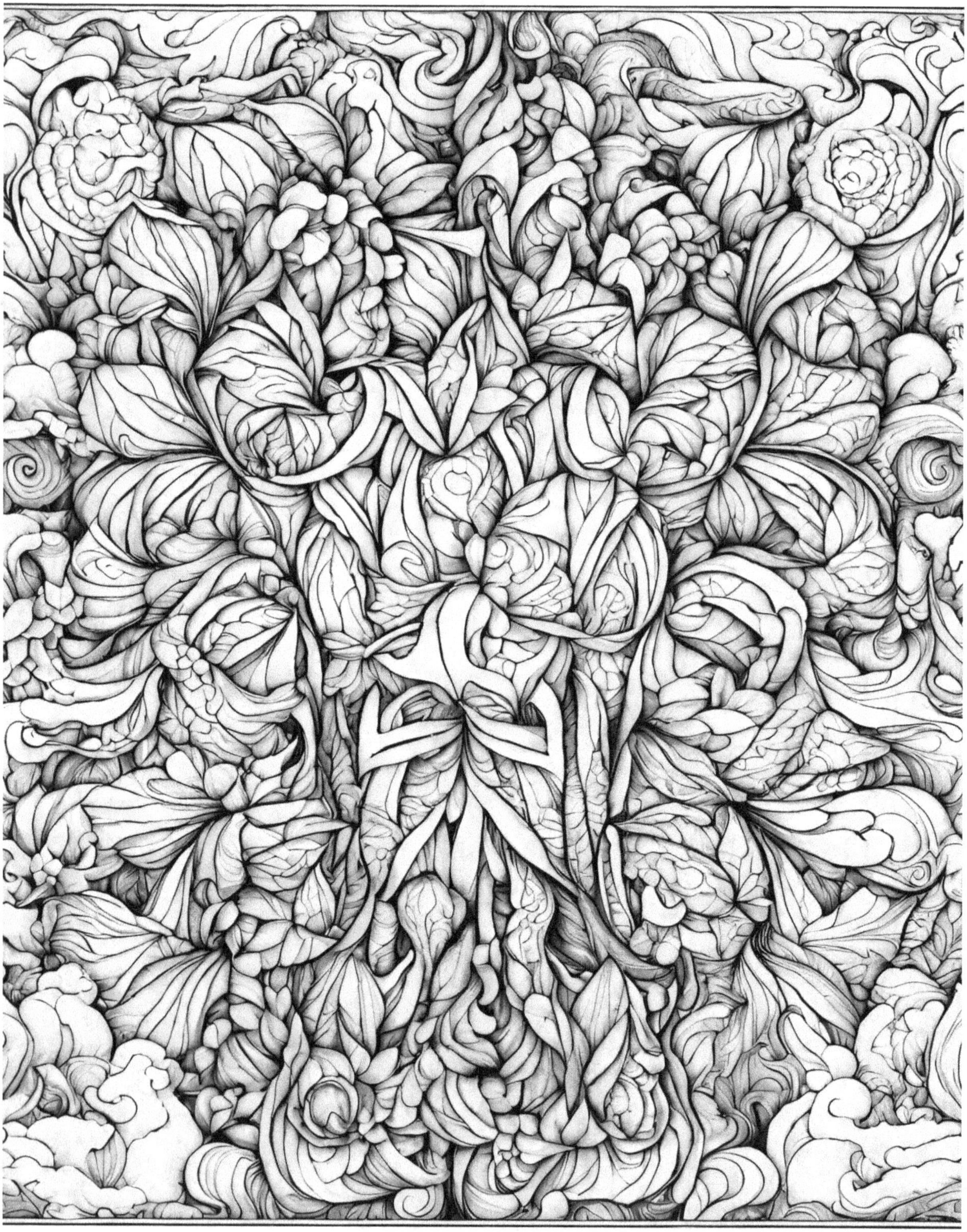

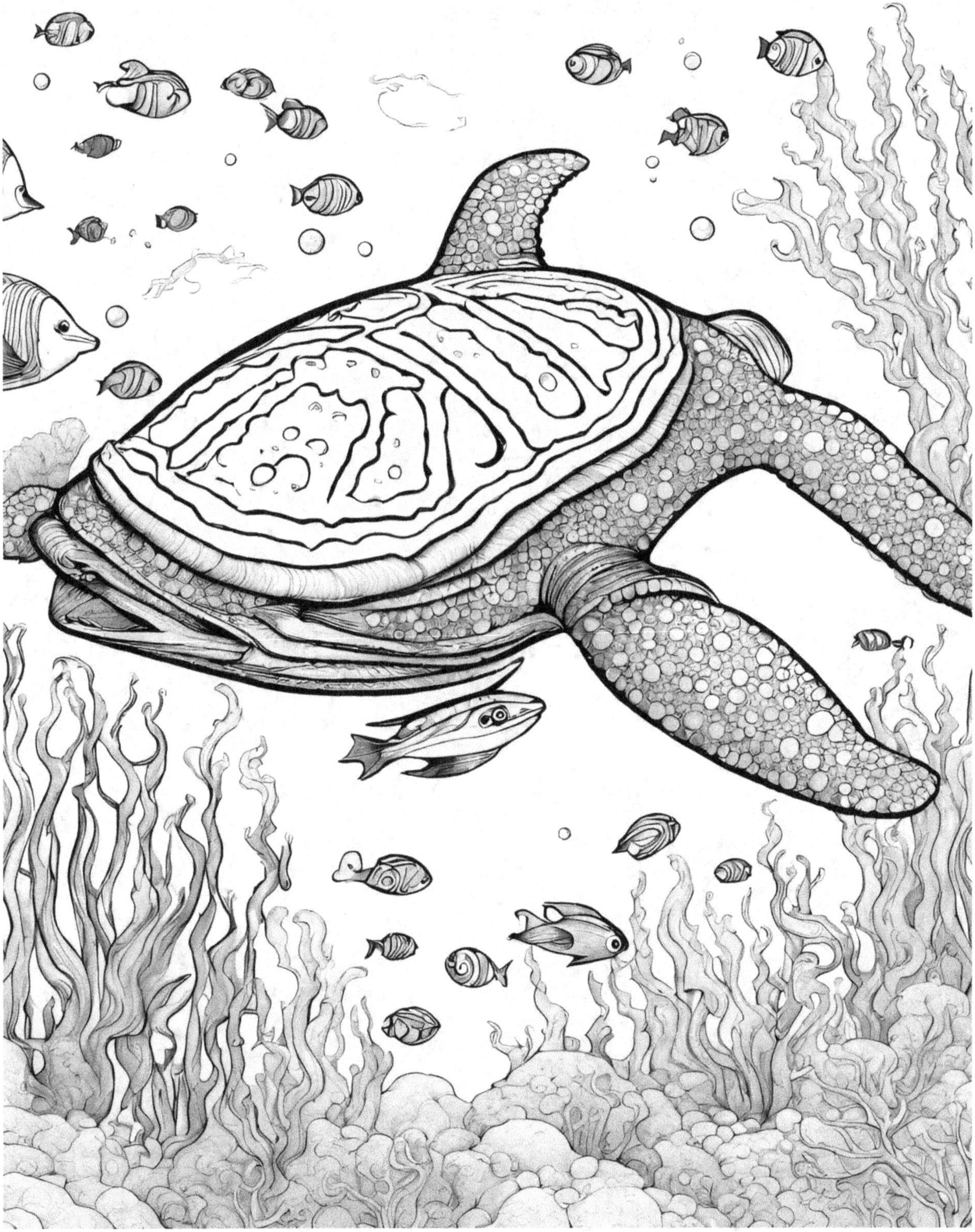

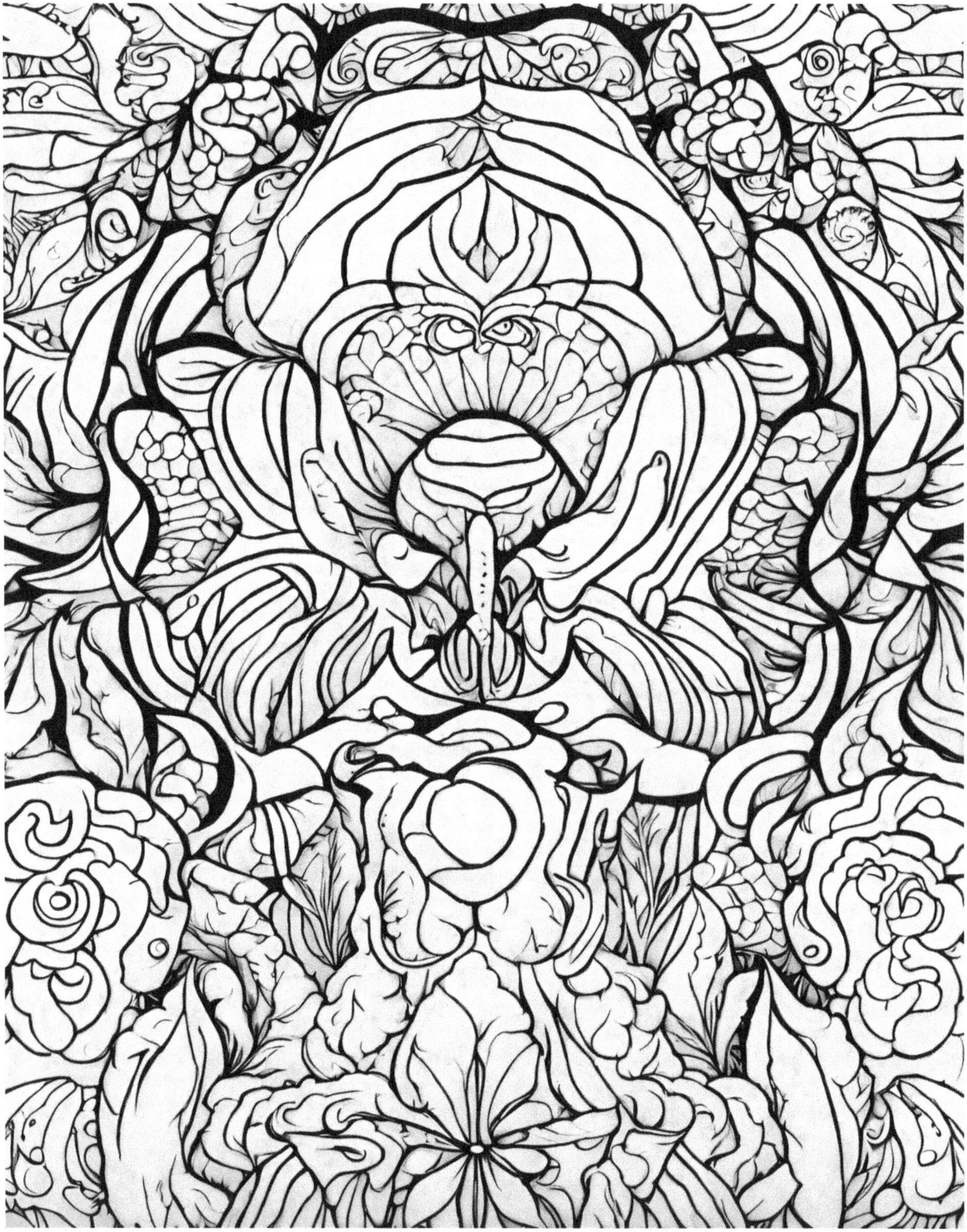

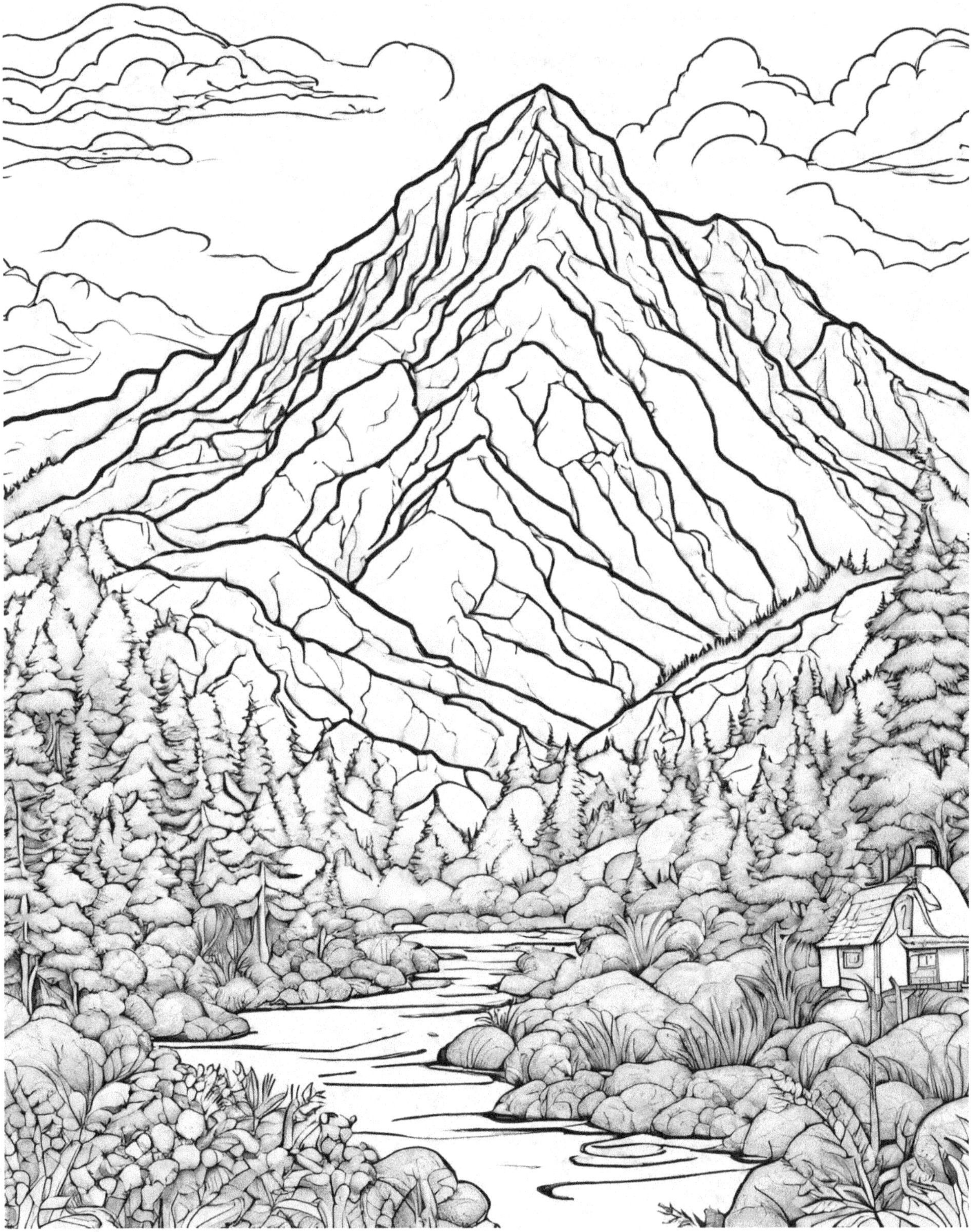

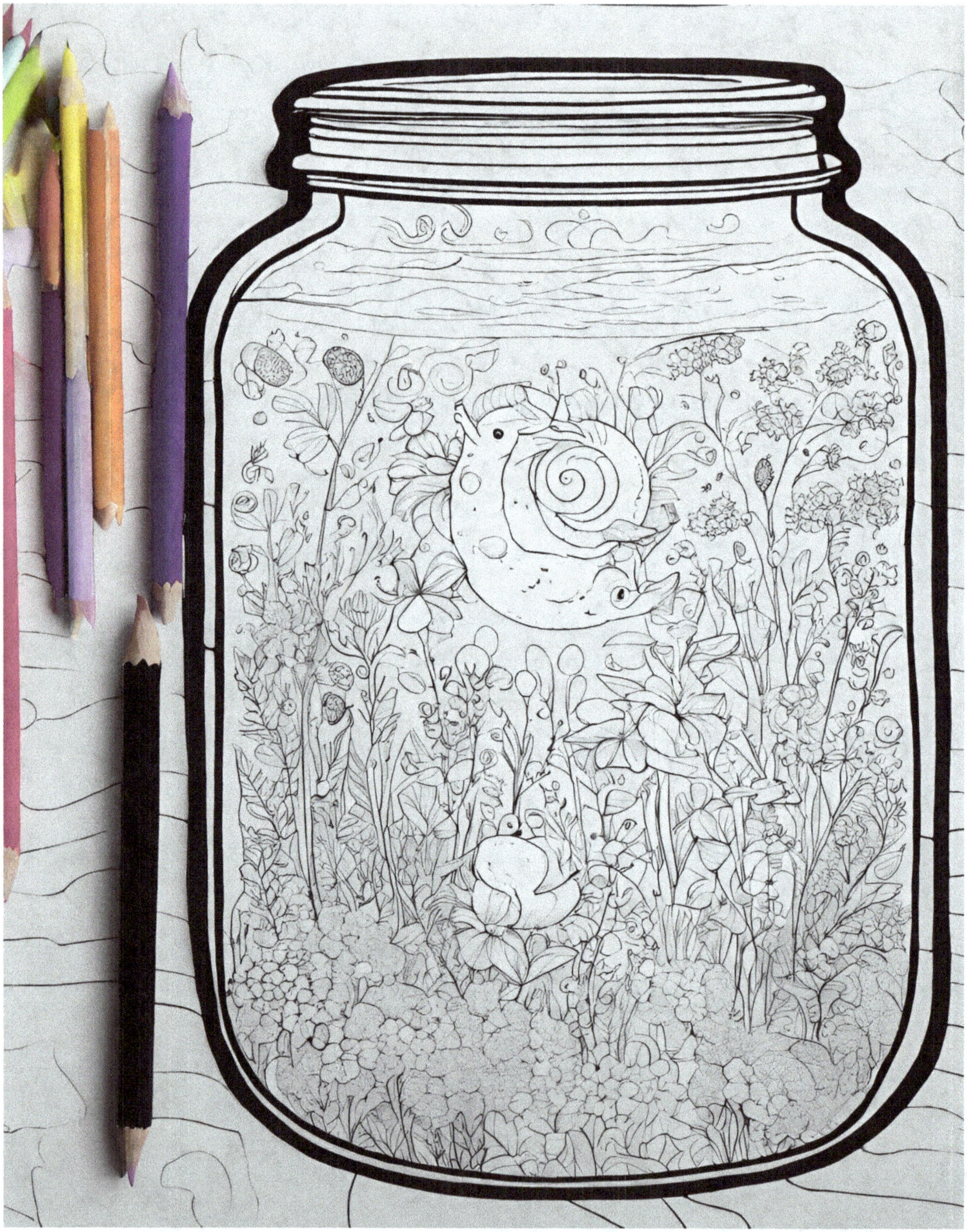

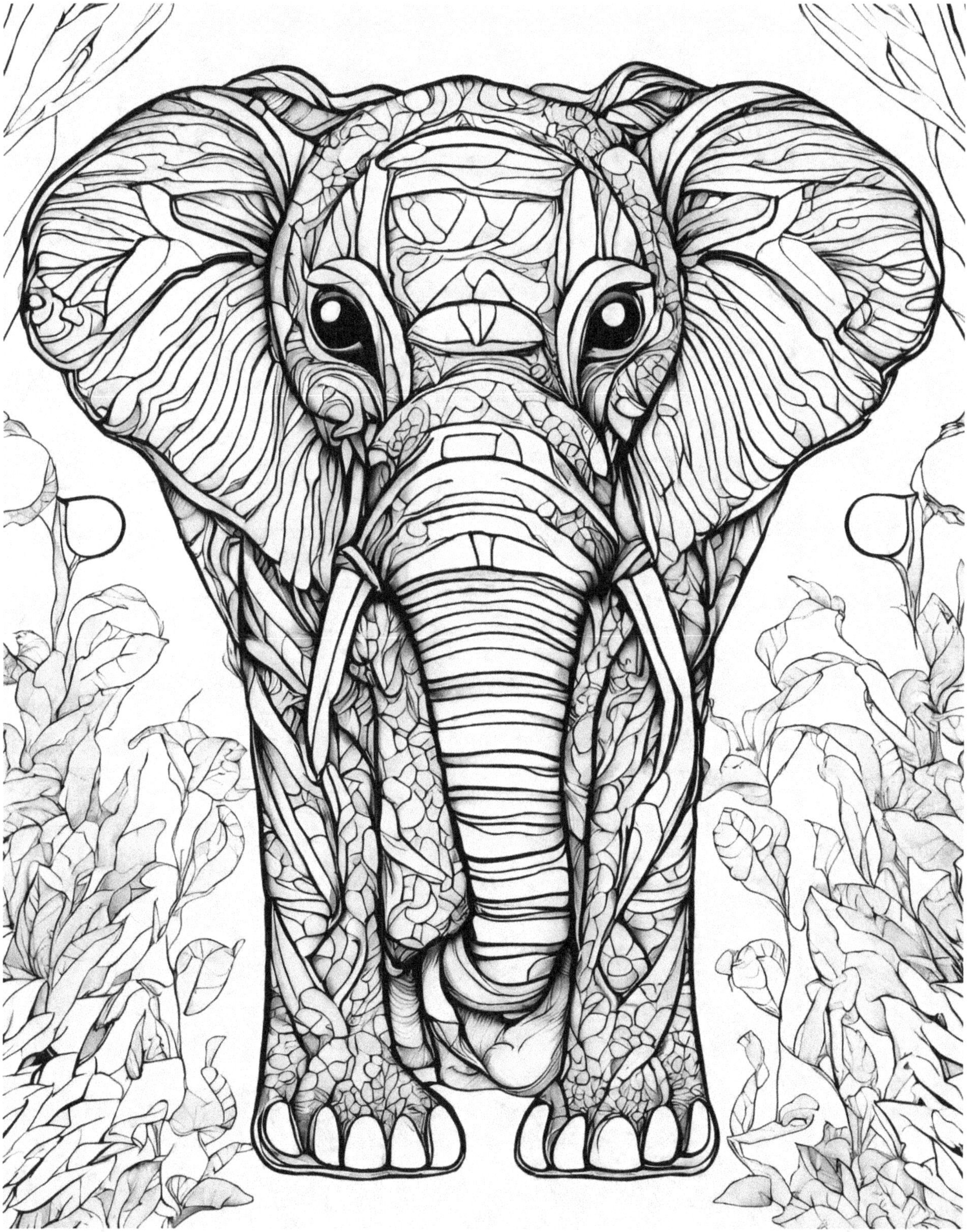

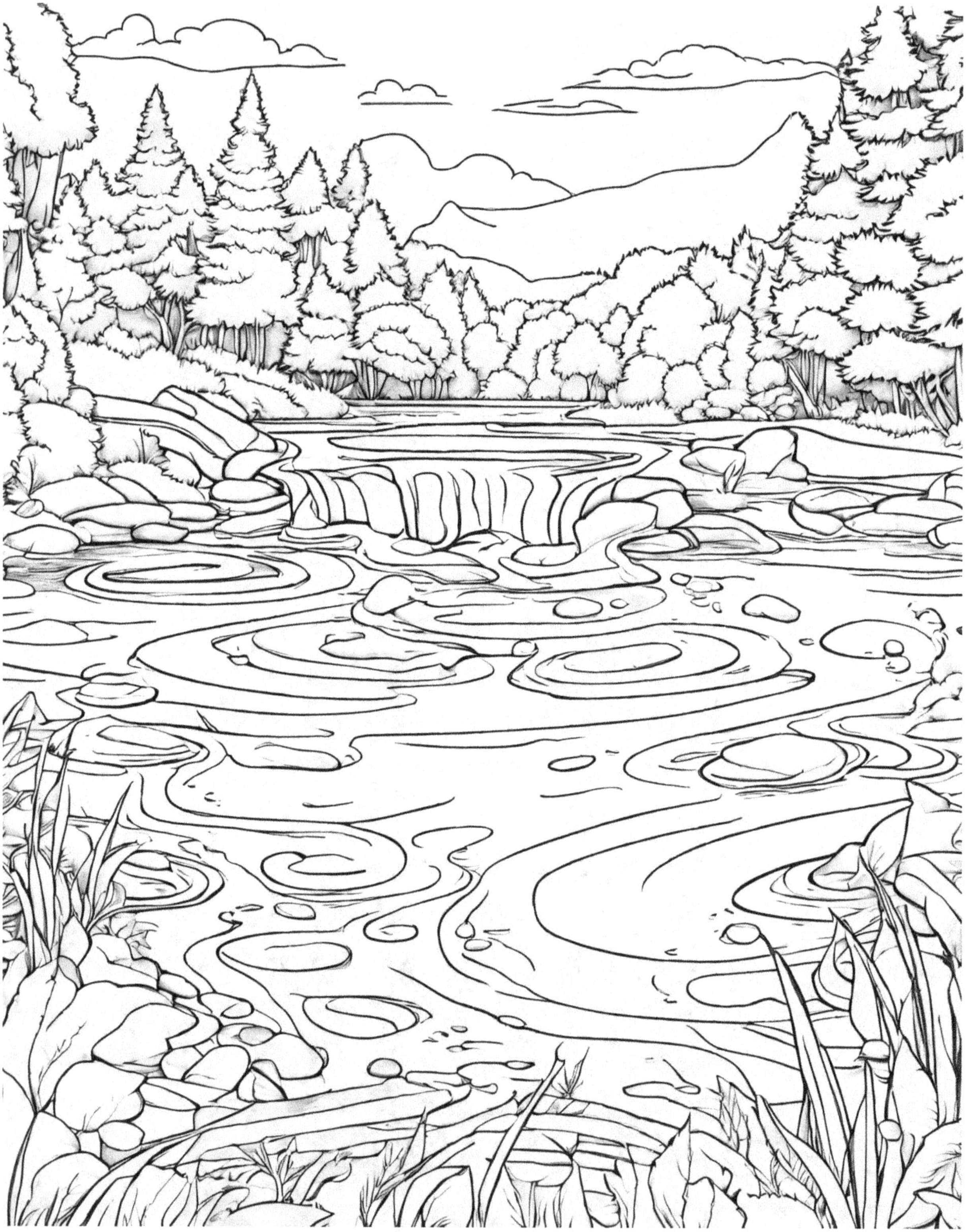

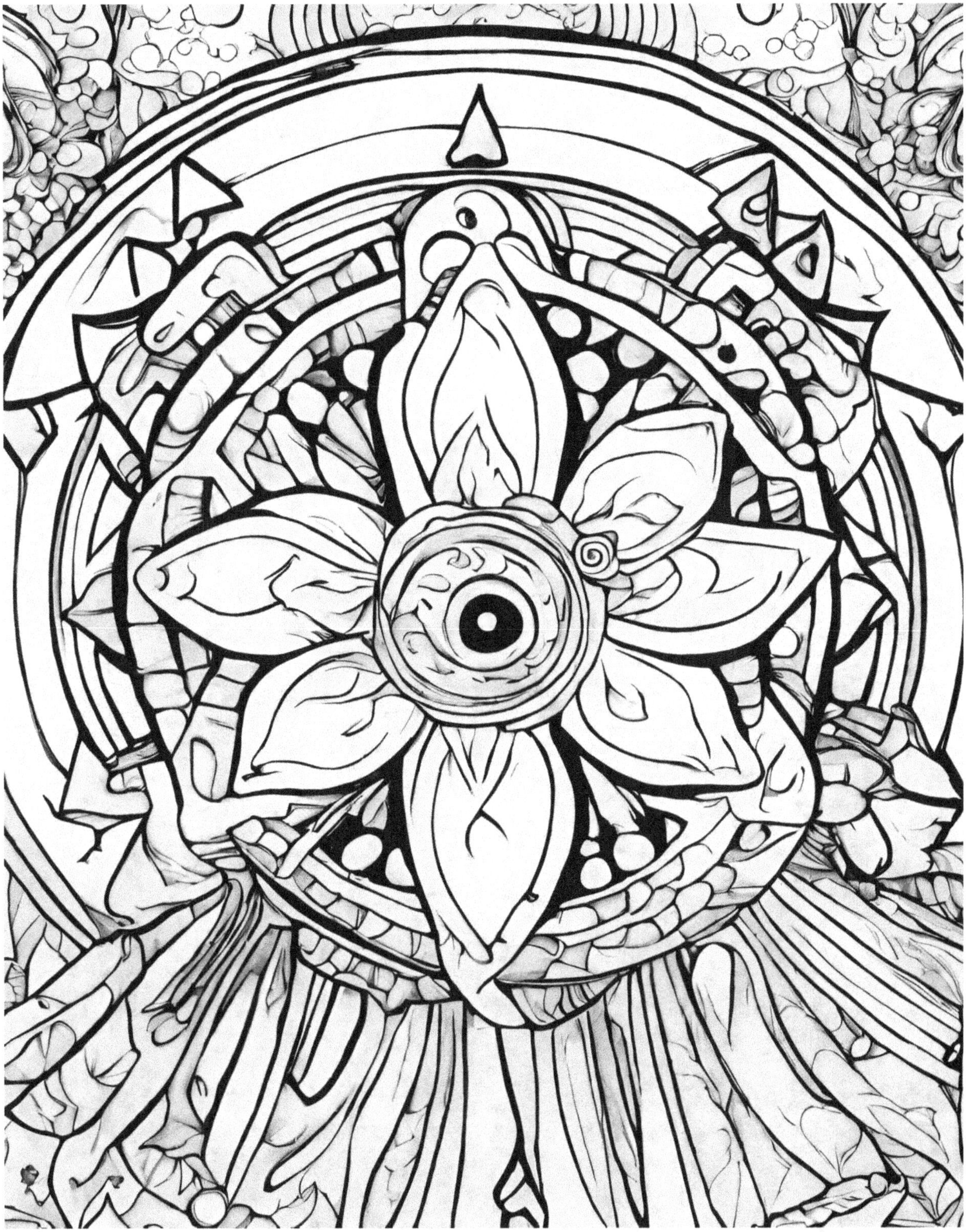

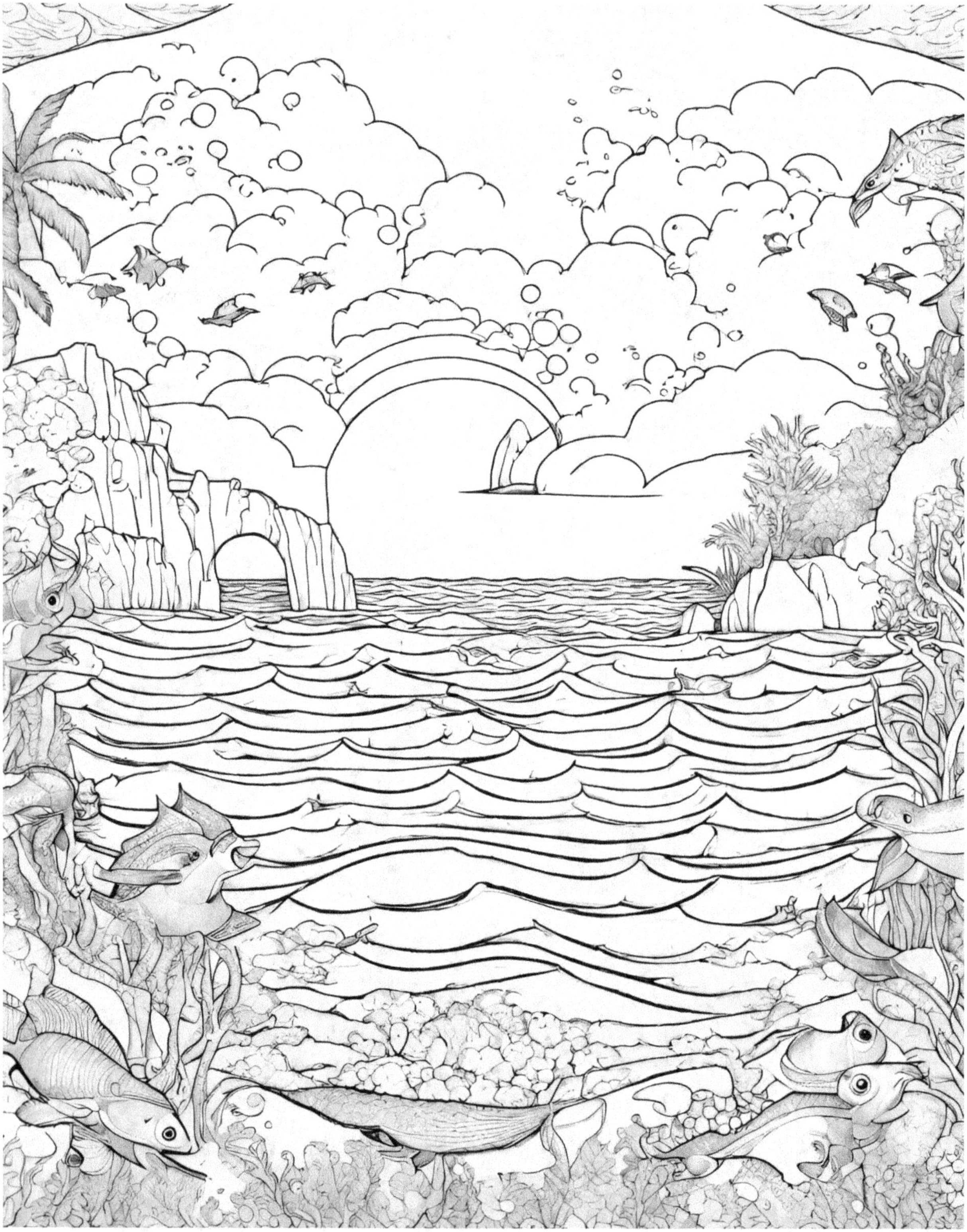

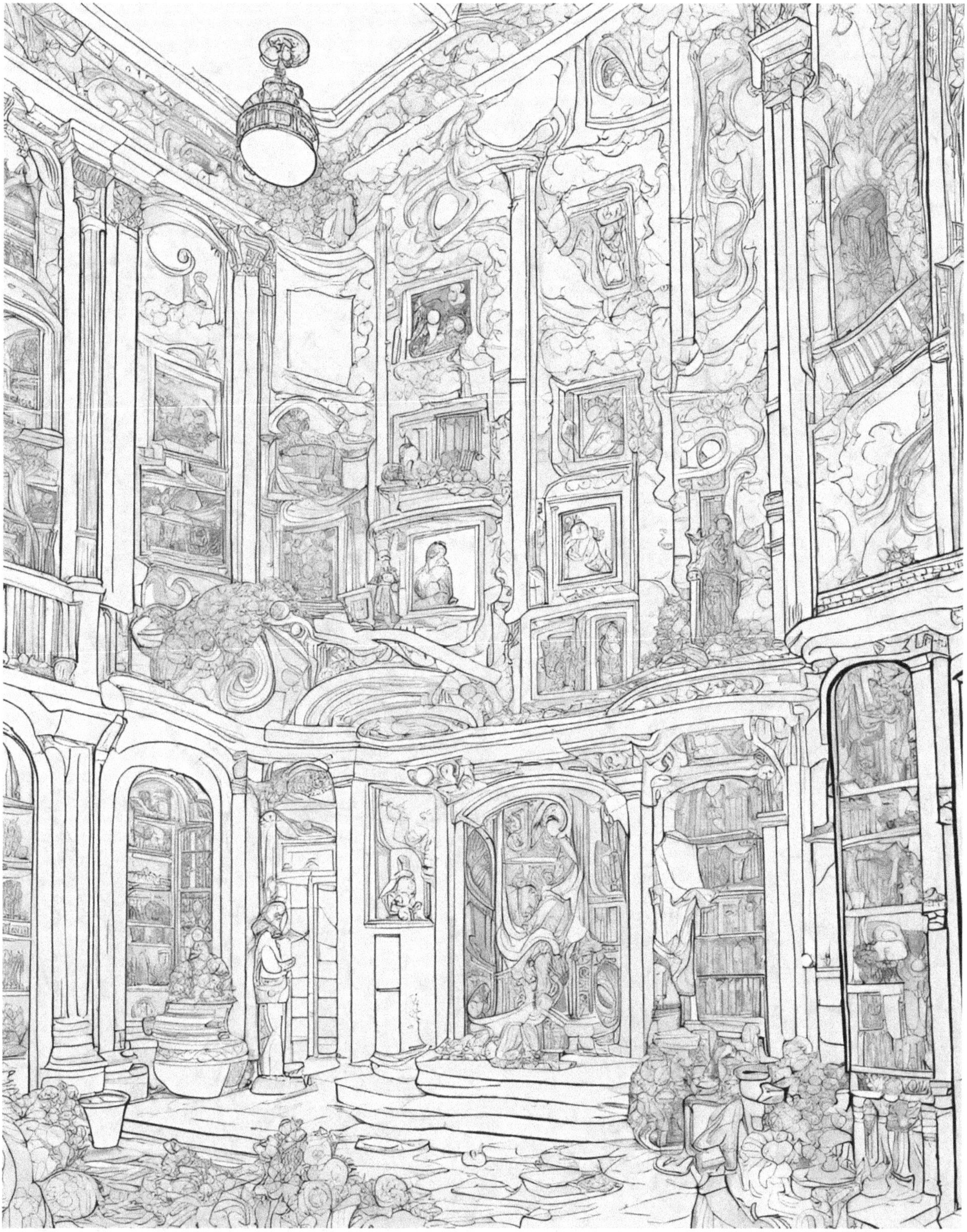

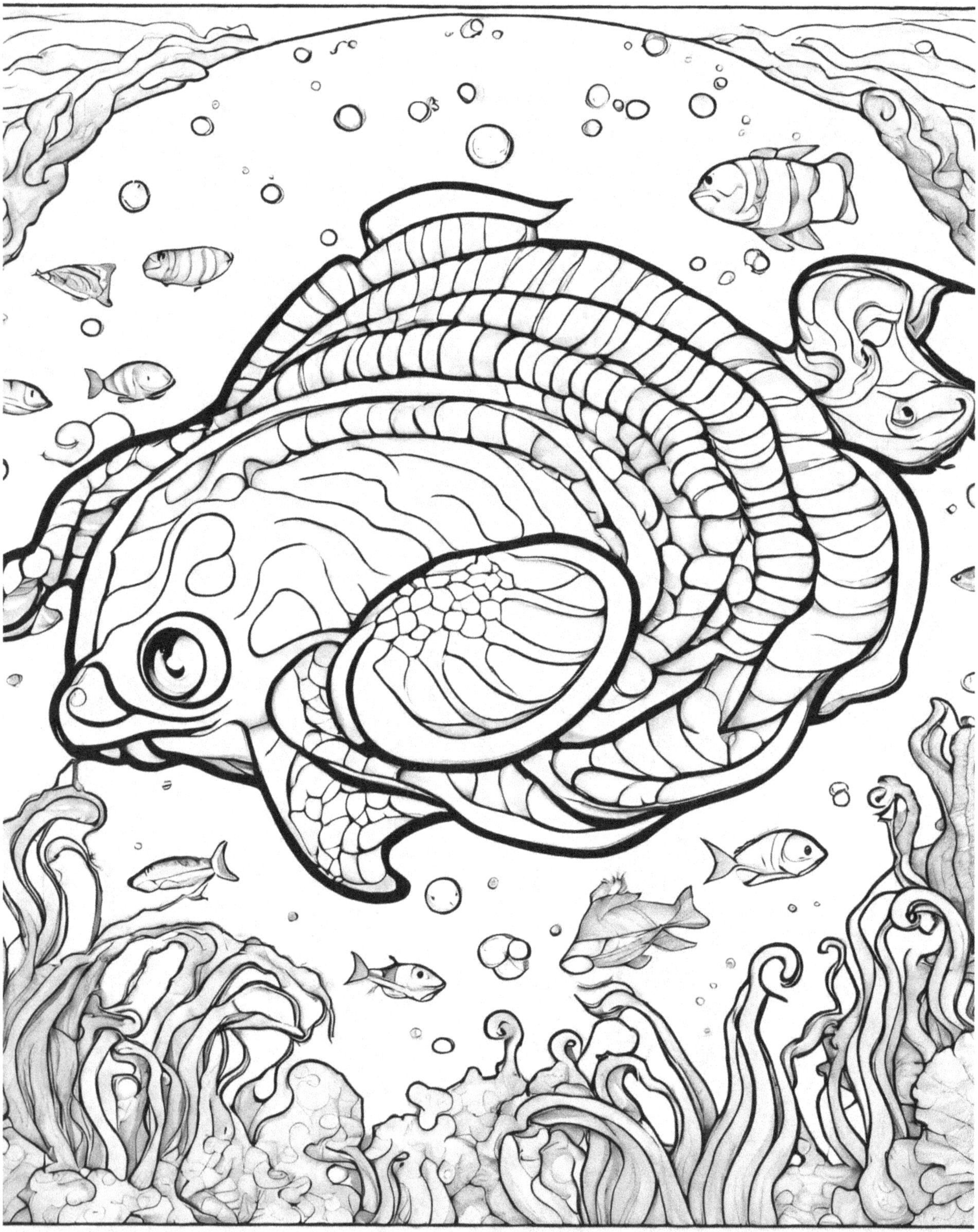

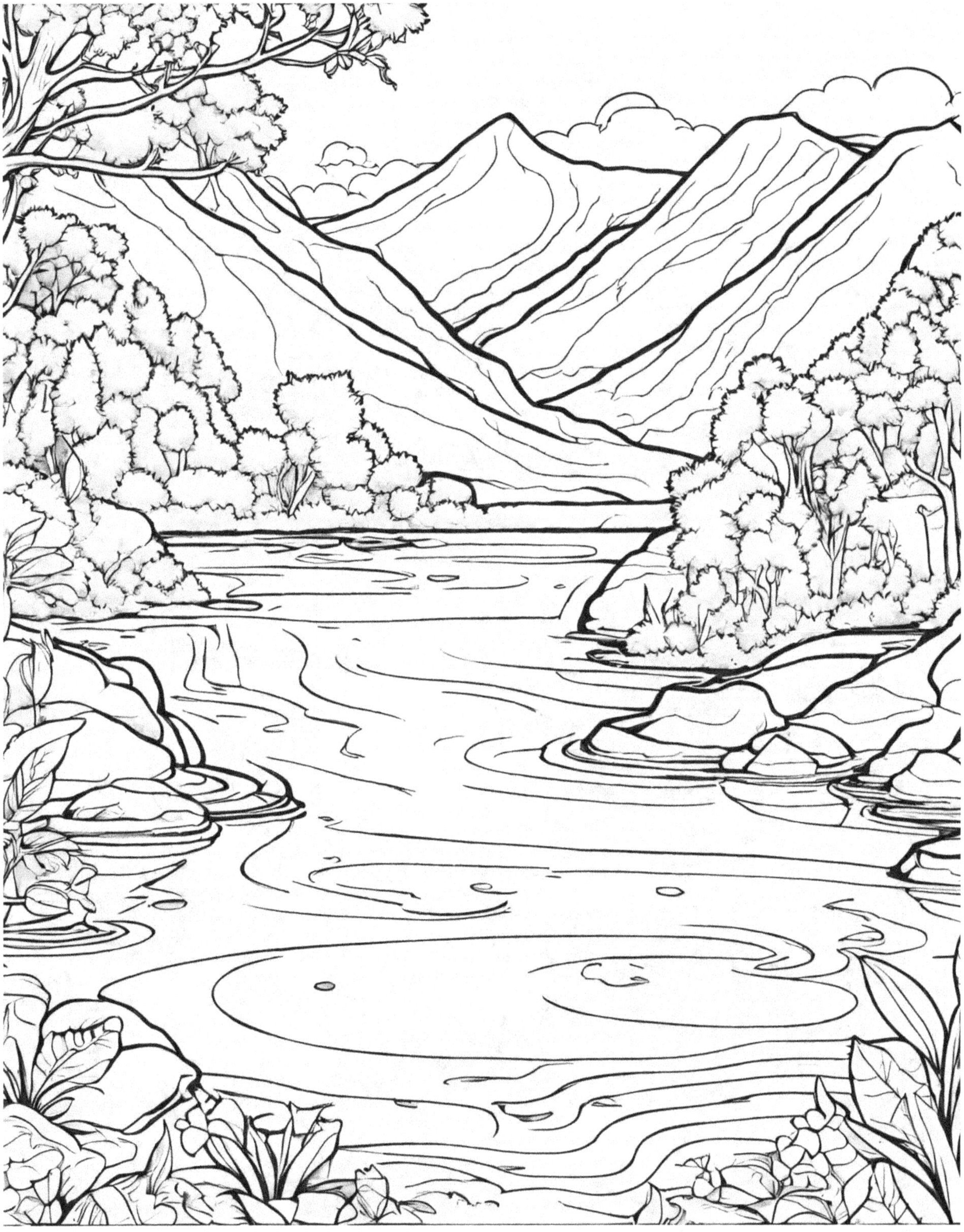

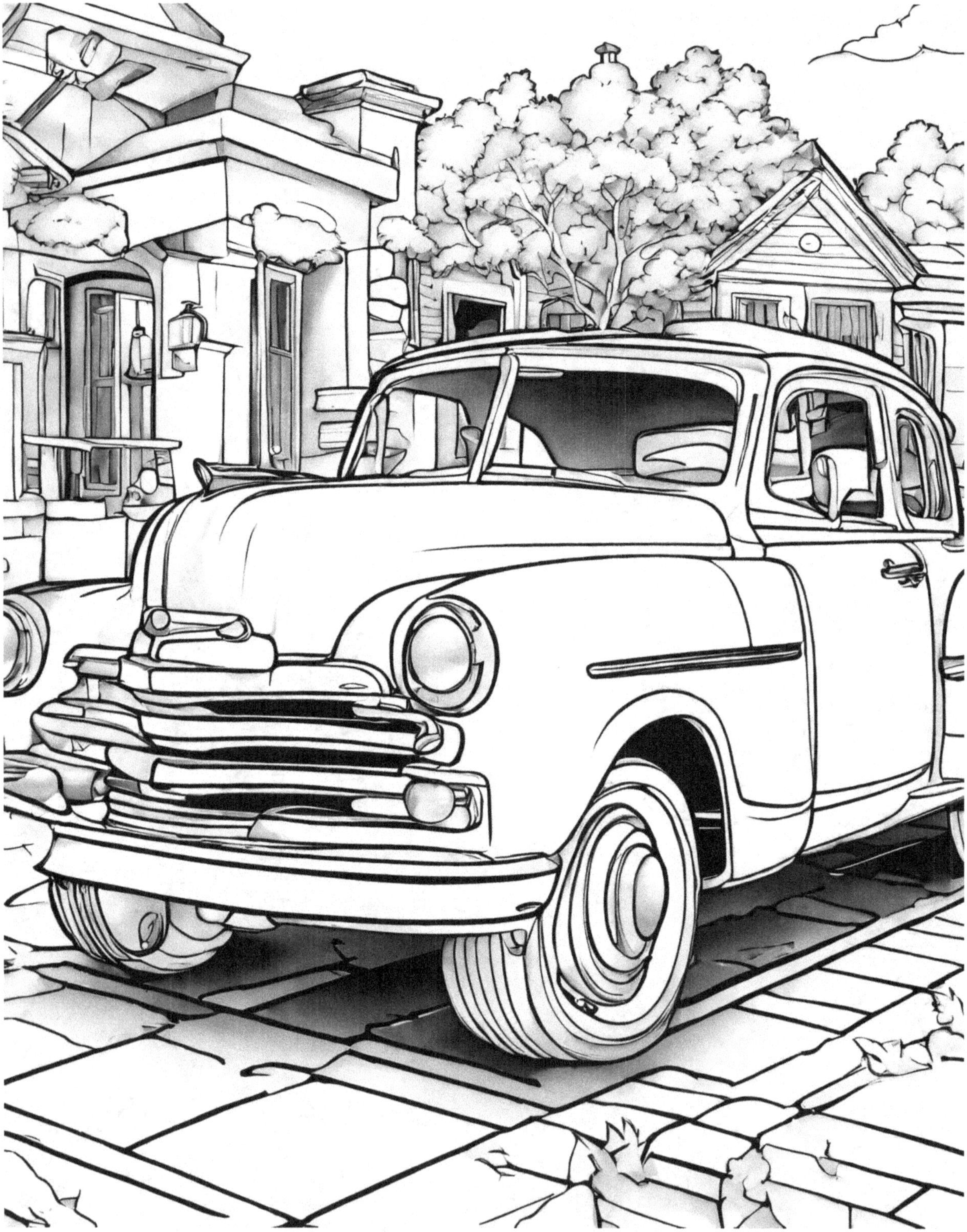

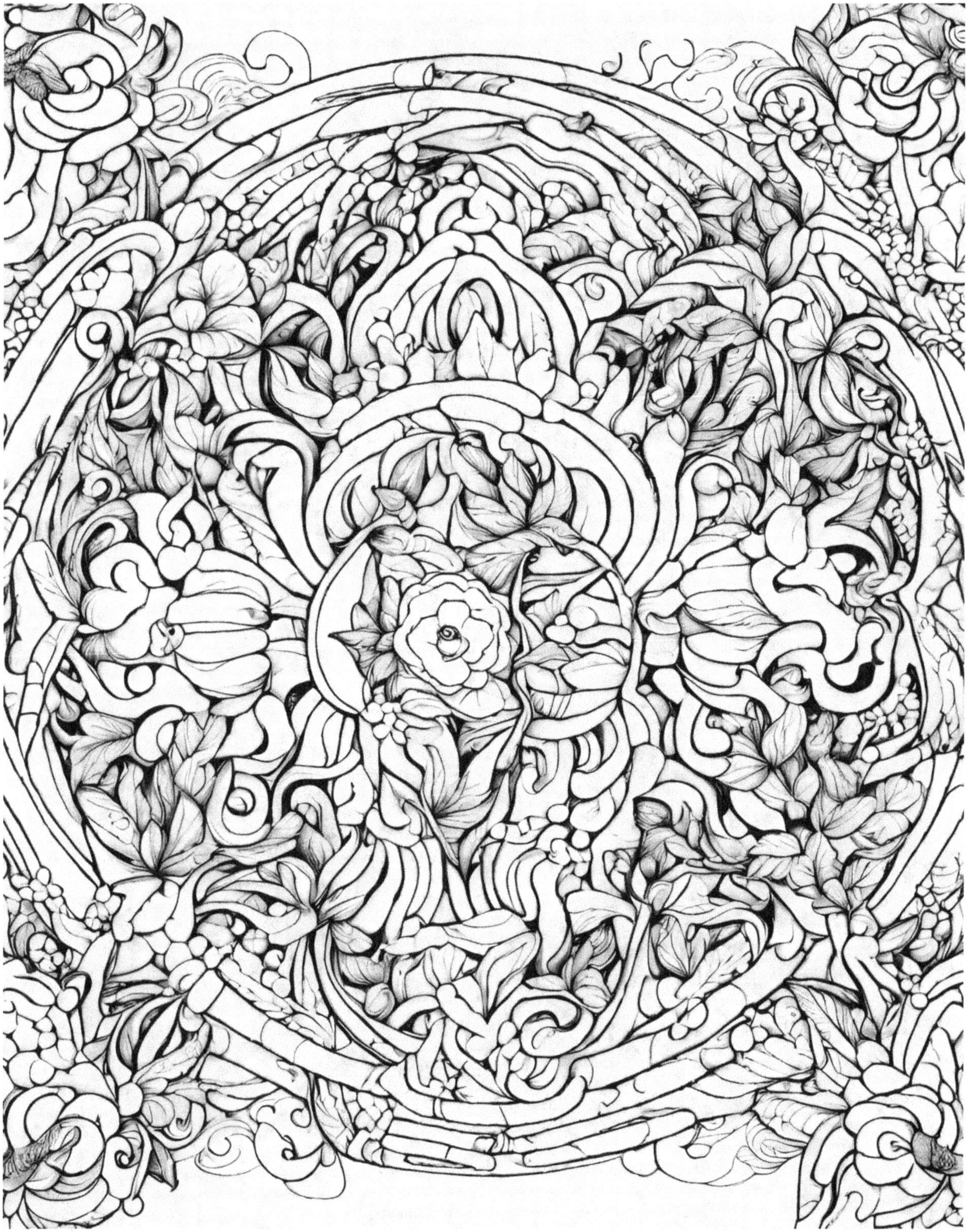

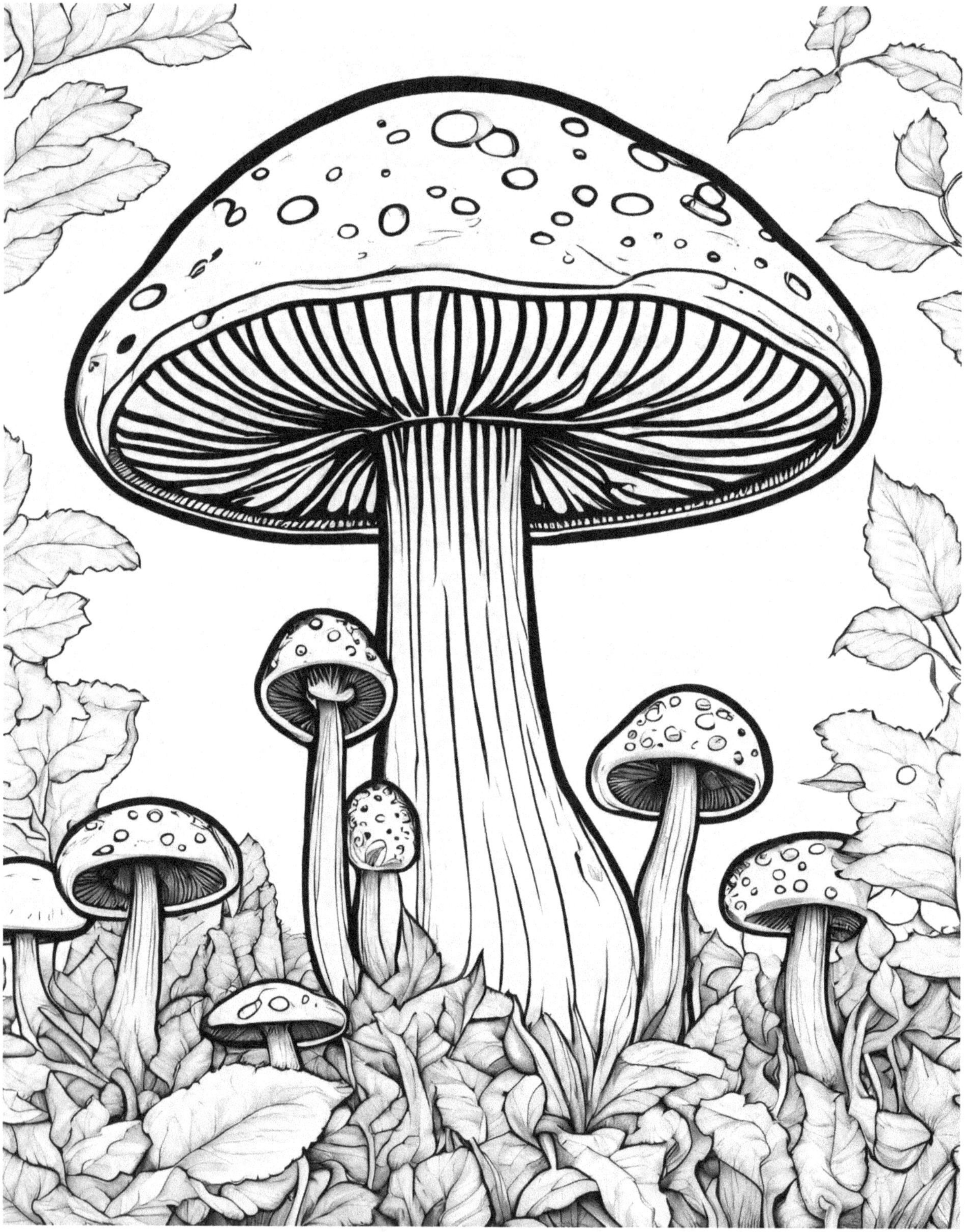

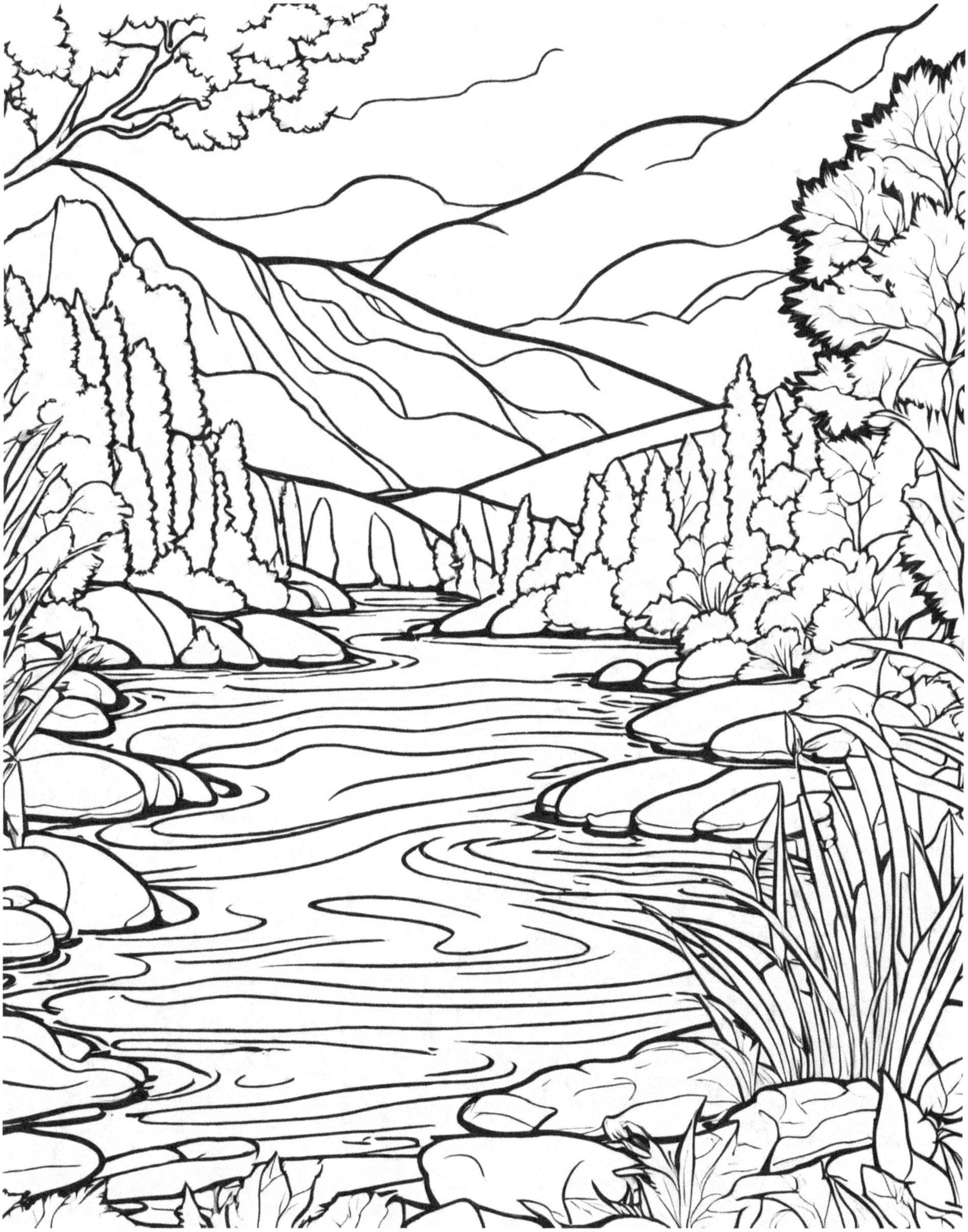

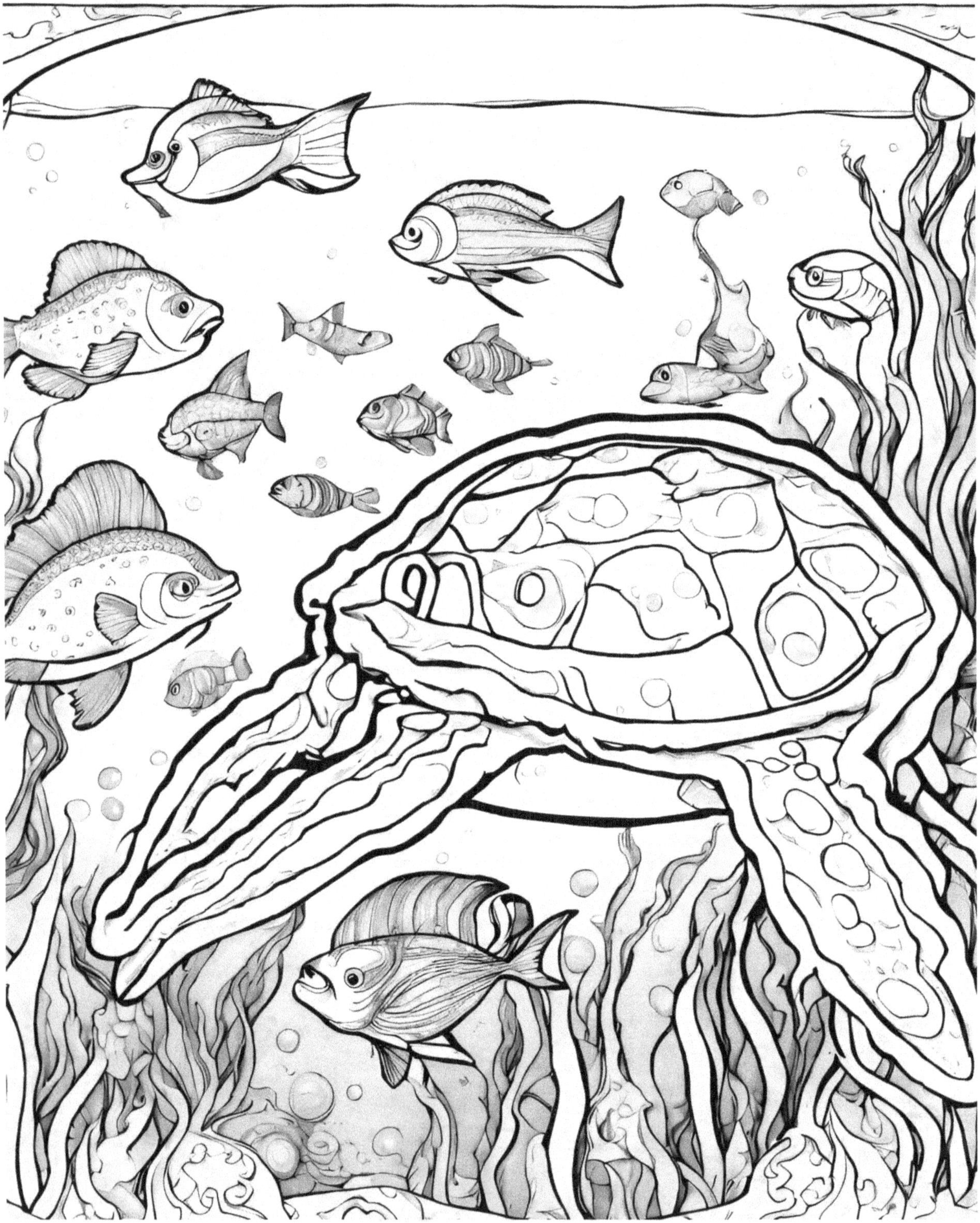

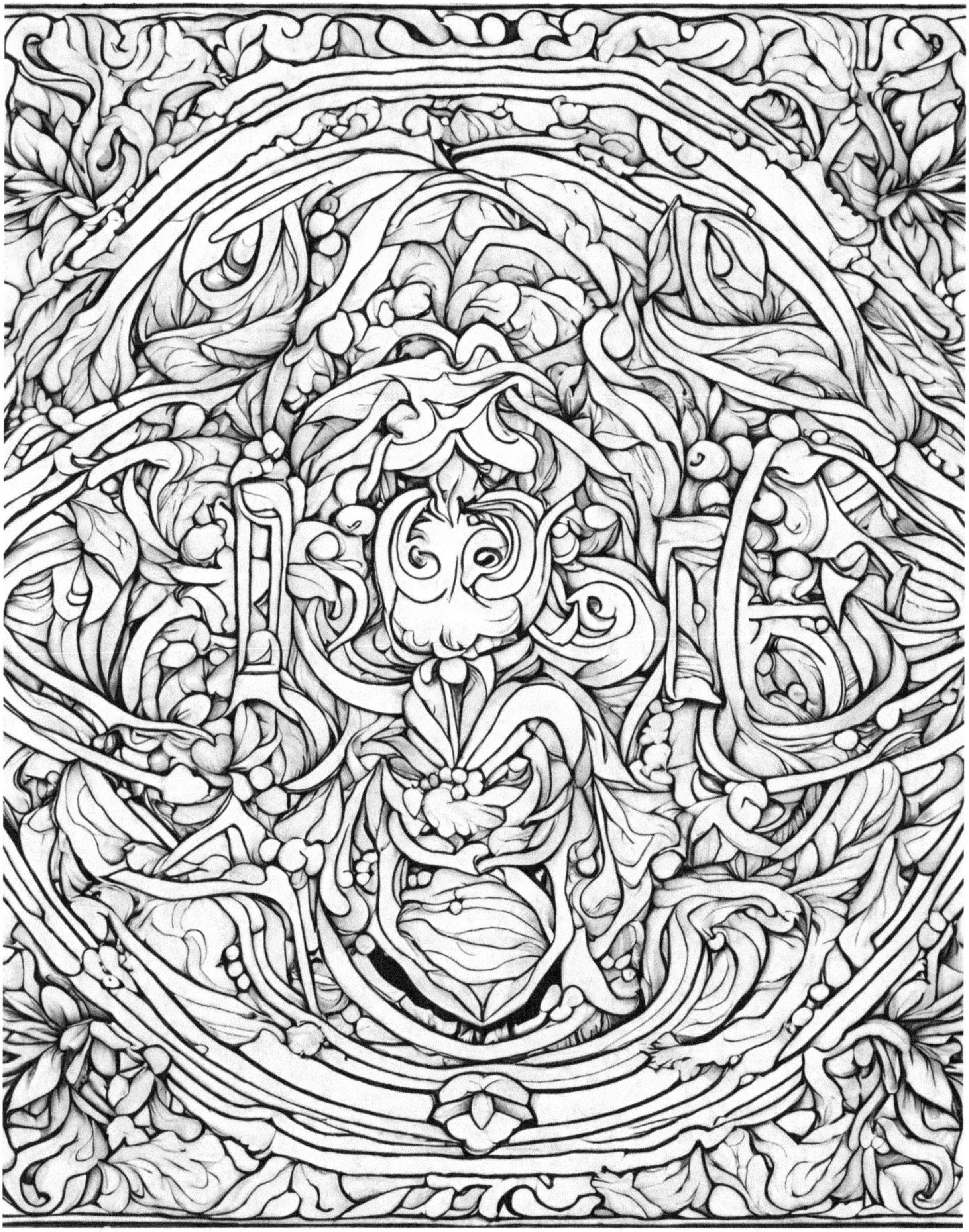

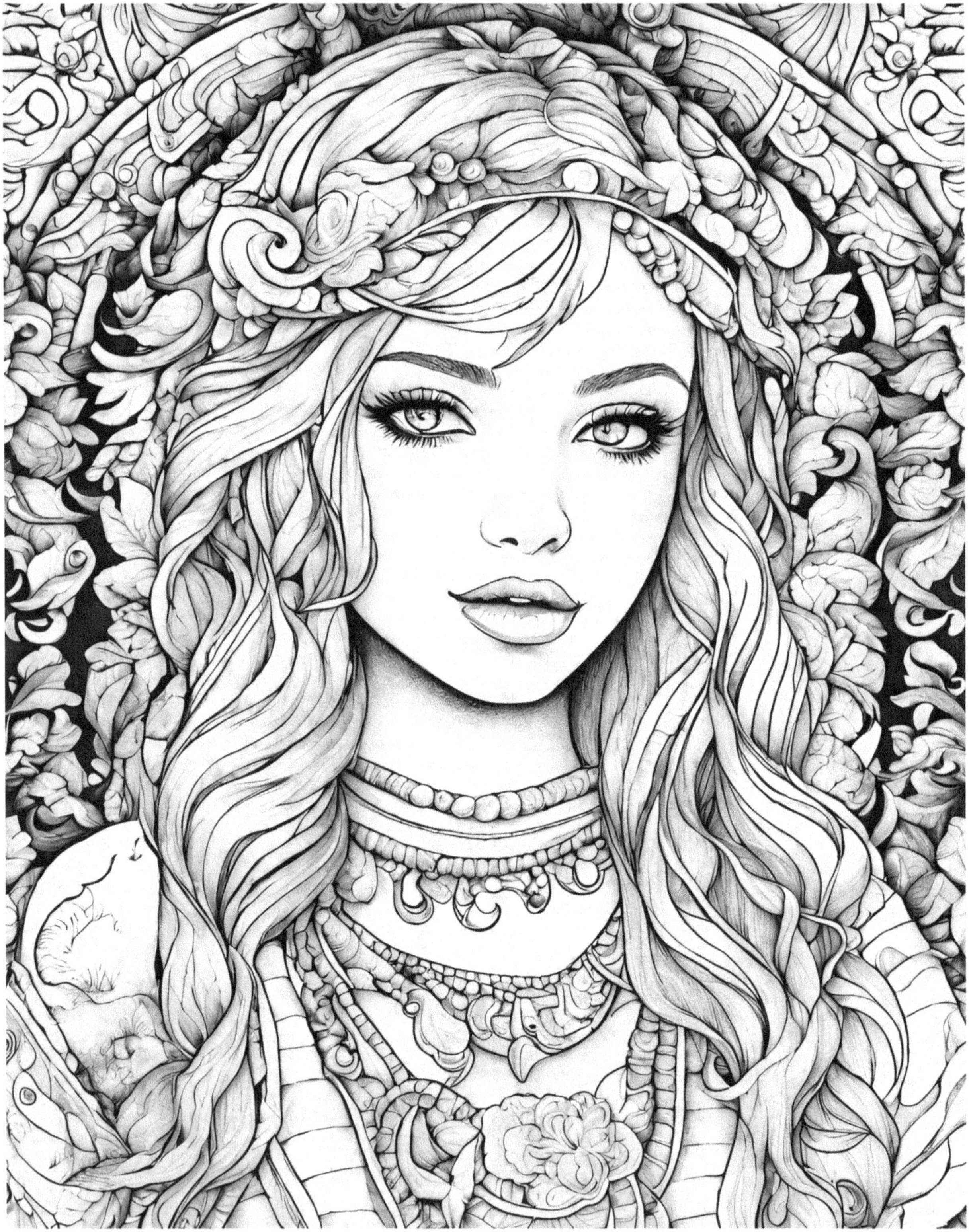

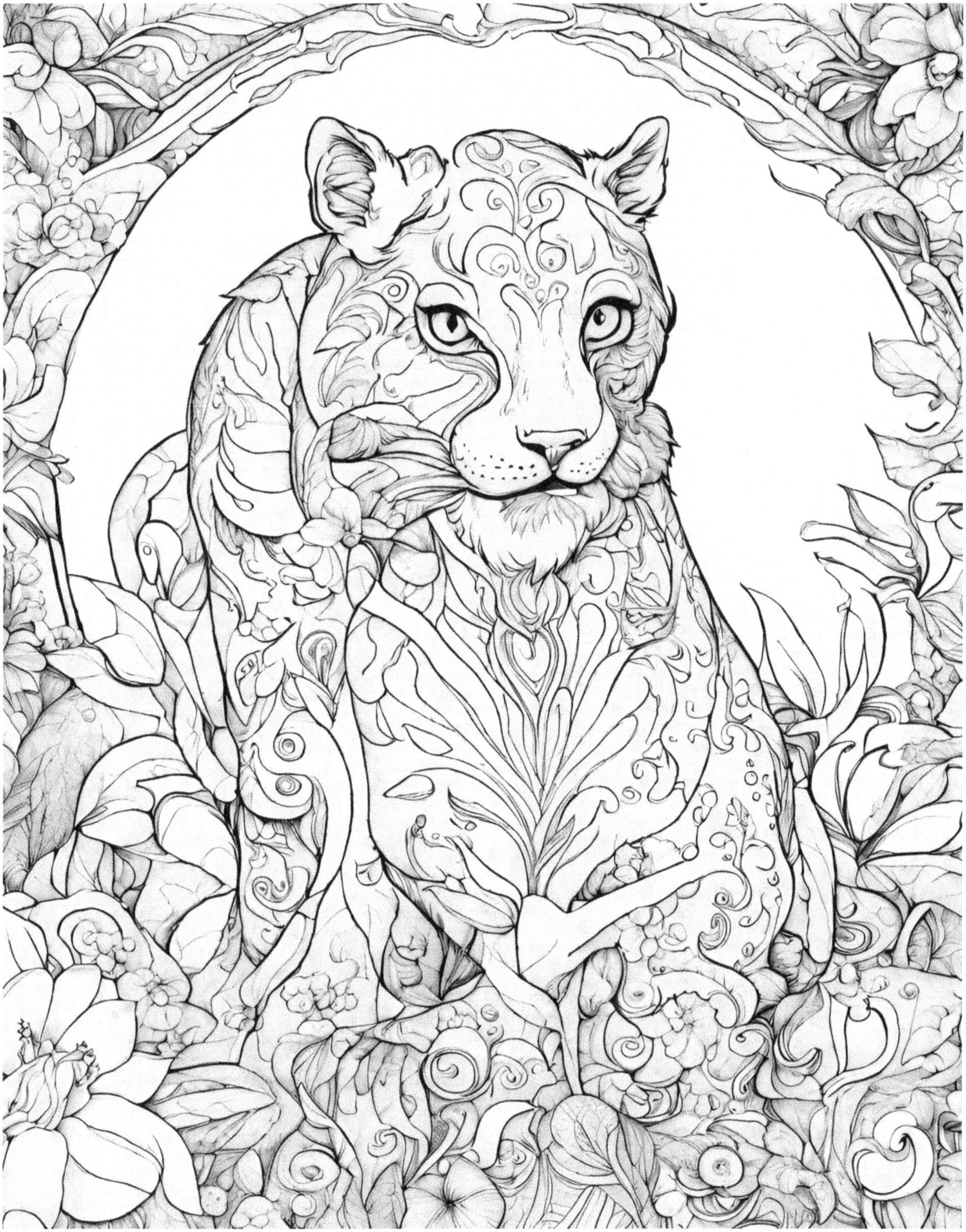

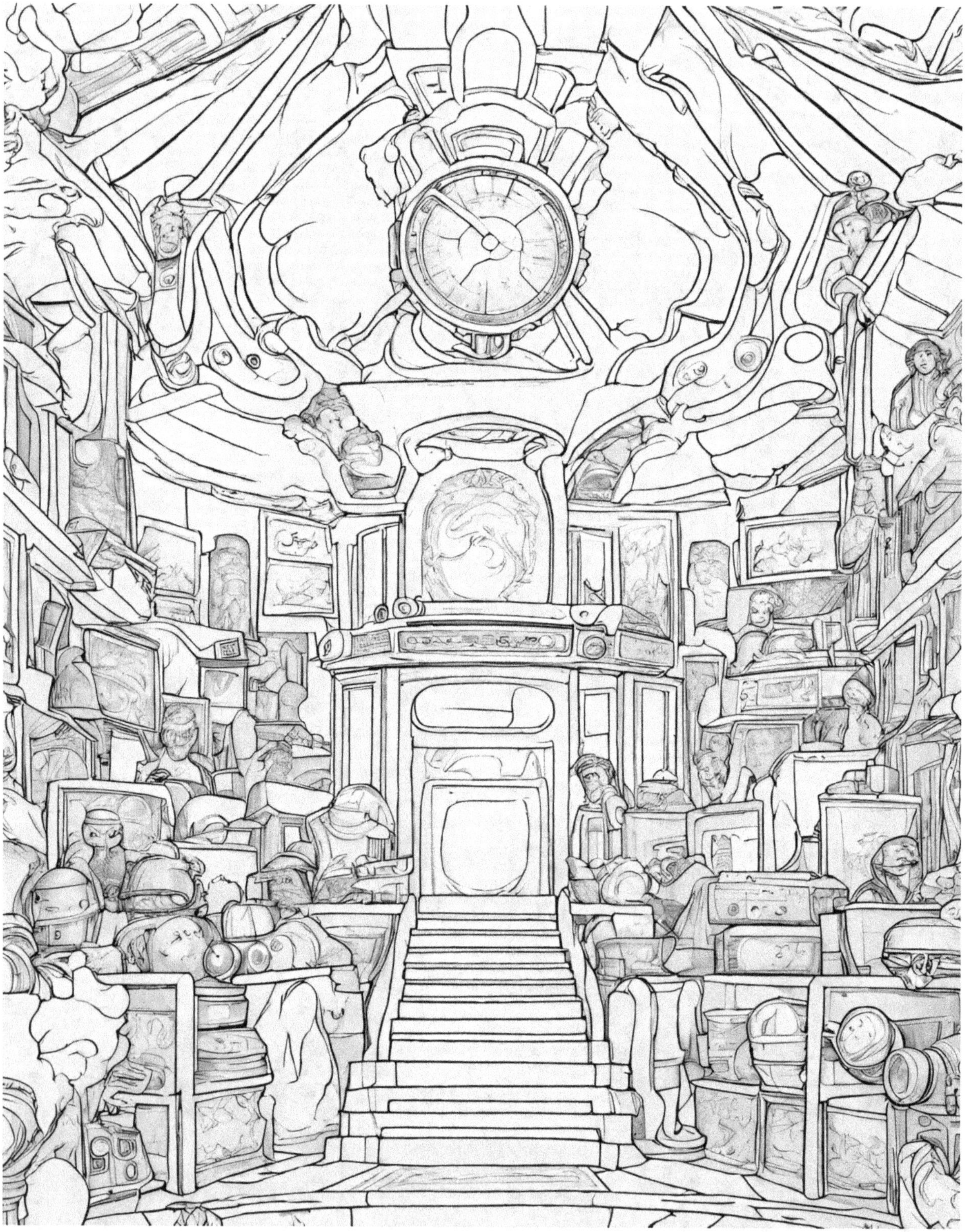

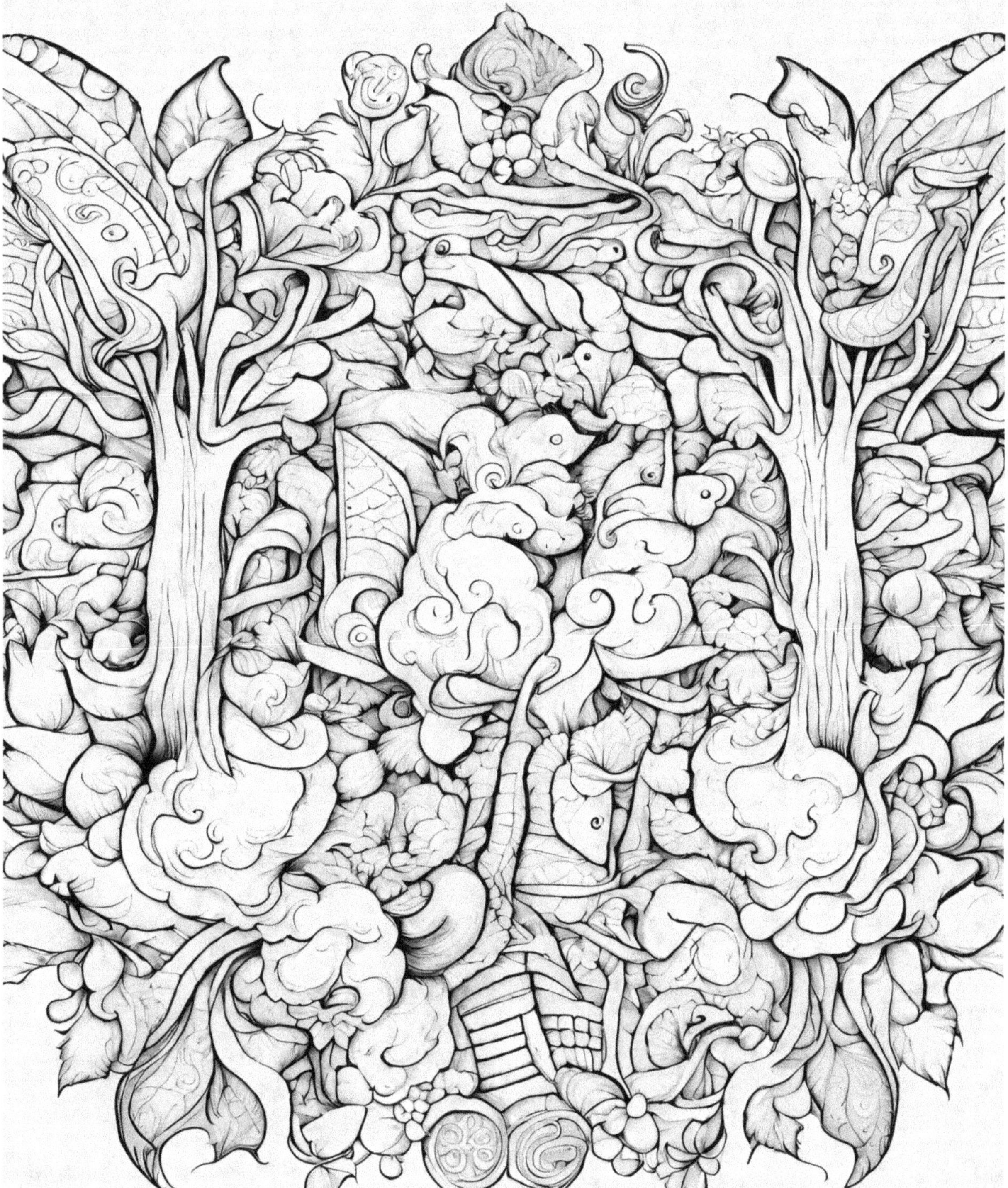

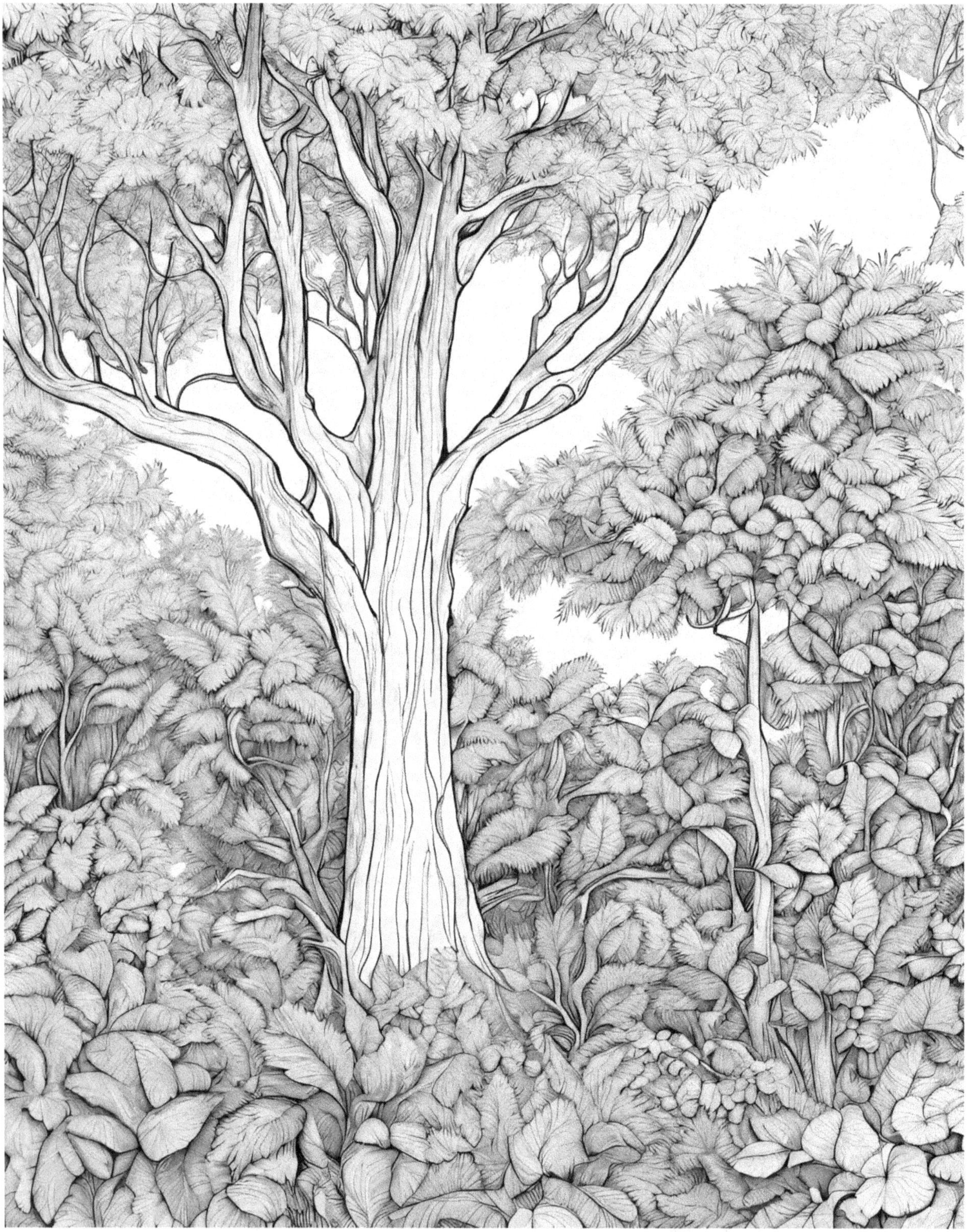

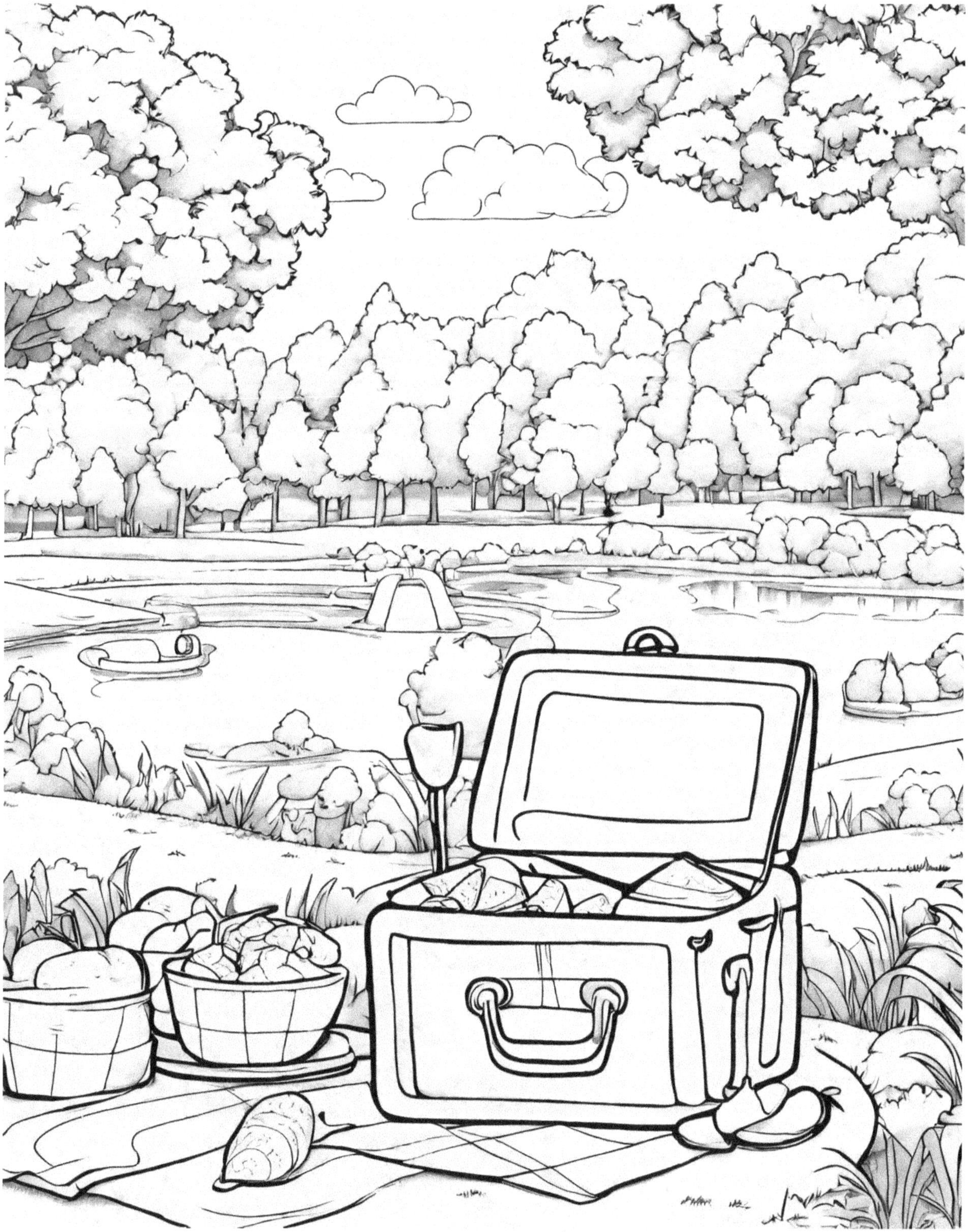

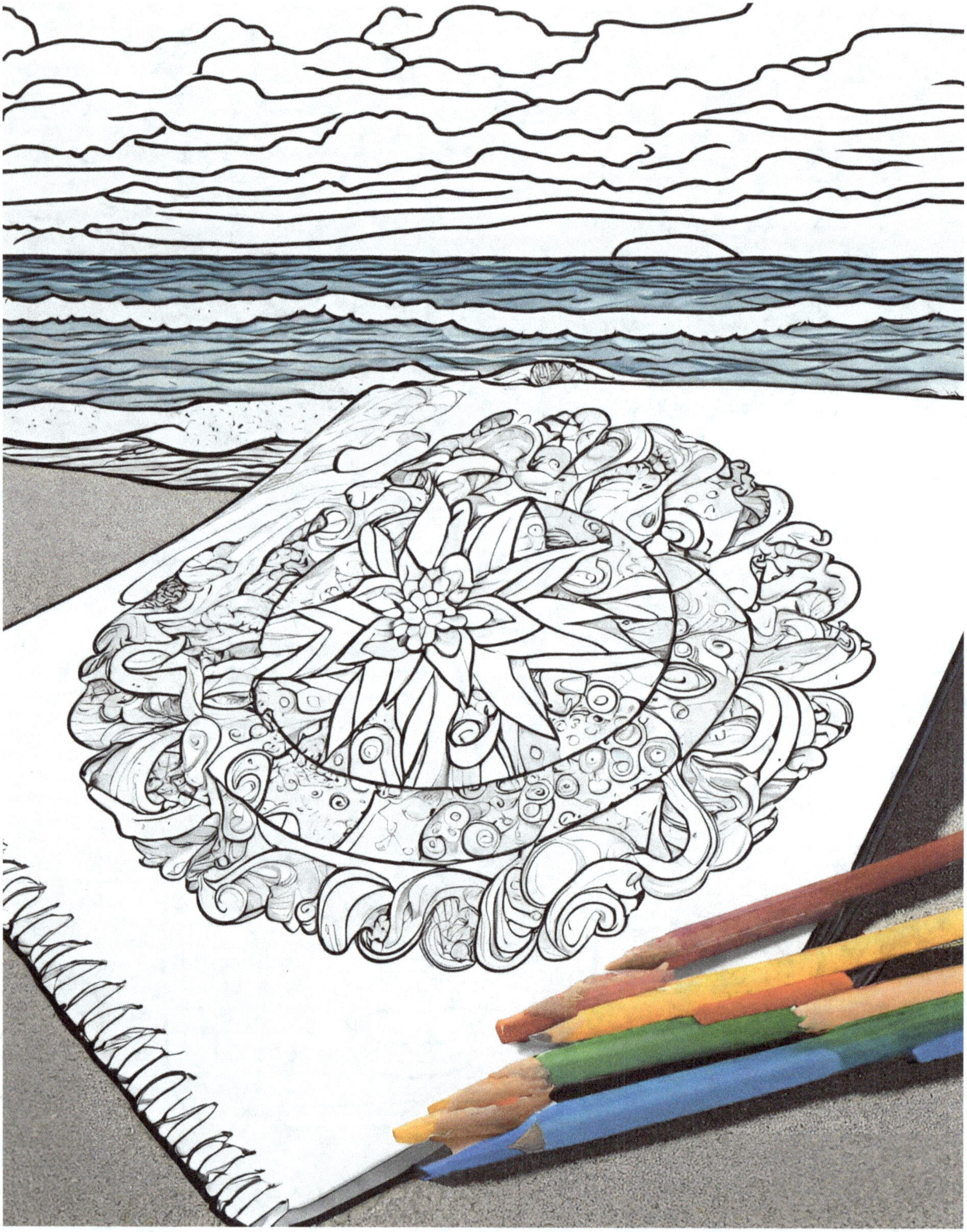

www.ingramcontent.com/pod-product-compliance
Lightning Source LLC
Chambersburg PA
CBHW082220290526
45794CB00009B/3611
* 9 7 9 8 8 6 5 9 4 4 2 8 7 *